RECUEIL

DE LETTRES.

RECUEIL

DE LETTRES

PUBLIÉES

PAR MGR L'ARCHEVÊQUE D'ALGER

DÉLÉGUÉ APOSTOLIQUE DU SAHARA ET DU SOUDAN

SUR

LES ŒUVRES ET MISSIONS AFRICAINES

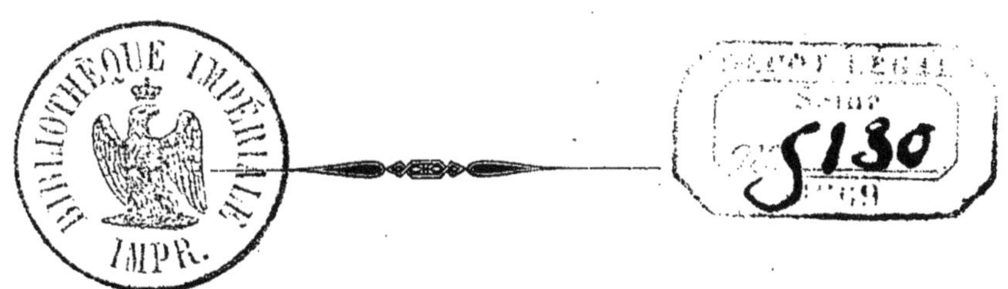

PARIS

TYPOGRAPHIE DE HENRI PLON

IMPRIMEUR DE L'EMPEREUR

RUE GARANCIÈRE, 8

1869

C'est au clergé de France et des autres pays catholiques que j'adresse et que je dédie cette réimpression de quelques-unes de mes lettres.

Je les lui dédie, pour lui exprimer ma reconnaissance du fraternel concours que je n'ai cessé de trouver auprès de lui, et qui m'a si puissamment aidé à porter le lourd fardeau matériel que m'imposaient nos œuvres.

Je les lui adresse, parce que je compte encore sur lui pour procurer à ma mission un genre de secours dont elle n'a pas moins besoin que de l'aumône matérielle.

Je veux parler d'ouvriers évangéliques pour le soutien et le développement de nos œuvres commencées et qui se continuent, je le dis avec reconnaissance, dans une paix profonde.

Il s'est formé à Alger une société de missionnaires pour l'Afrique centrale.

Il s'y forme deux communautés agricoles pour soutenir les œuvres charitables des missions.

Déjà des vocations nombreuses et choisies ont répondu à l'appel de ces trois sociétés nouvelles, mais, pour atteindre pleinement leur but, il leur en faut davantage encore.

C'est sur le concours du clergé, dans les contrées surtout qui sont restées chrétiennes, que je compte pour diriger vers nous les âmes que Dieu nous destine.

Les lettres contenues dans ce volume donneront une idée de nos œuvres et de nos besoins.

Le zèle et la charité des prêtres de notre vieille et chrétienne Europe et la grâce de Dieu feront le reste.

Et moi je demande à notre commun Maître de récompenser et de bénir tous ceux qui nous feront du bien en son nom.

Alger, le 18 juin 1869.

† CHARLES, *archevêque d'Alger,*
délégué apostolique pour les Missions du Sahara
et du Soudan.

RECUEIL

DE LETTRES

PUBLIÉES

PAR MGR L'ARCHEVÊQUE D'ALGER.

I

LETTRE PASTORALE POUR LA PRISE DE POSSESSION DU DIOCÈSE D'ALGER.

CHARLES-MARTIAL ALLEMAND-LAVIGERIE, par la grâce de Dieu et l'autorité du Saint-Siége apostolique, archevêque d'Alger.

Au clergé et aux fidèles de notre diocèse, salut, paix et bénédiction en Notre-Seigneur Jésus-Christ.

MES TRÈS-CHERS FRÈRES,

Je viens à vous à une heure solennelle pour l'Afrique chrétienne, à l'heure où la hiérarchie catholique ressuscite enfin dans sa plénitude sur ce sol abreuvé du sang des martyrs. L'Église et la France se sont unies pour relever ces gloires du passé, et elles m'envoient vers vous comme le messager de la vérité, de la charité et de la paix.

Je vous tromperais, mes très-chers Frères, si je ne vous disais qu'une charge si considérable et si laborieuse a d'abord effrayé ma faiblesse, et que les prévisions d'une séparation cruelle ont profondément troublé mon âme. Mais, aujourd'hui, le sacrifice est consommé, les liens sont rompus : je n'appartiens plus qu'à vous seuls, et je n'aspire qu'à une seule joie, celle de vous porter les dons du ciel et de les voir acceptés par vous.

Certes, mes très-chers Frères, une mission semblable est faite pour effrayer, mais aussi pour tenter le cœur d'un évêque, et soit que je regarde le passé, soit que j'interroge l'avenir, soit que j'examine les conditions de la situation qui m'est faite, je ne vois pas beaucoup d'œuvres parmi celles qui s'accomplissent dans le monde, à l'heure présente, qui lui puissent être préférées.

I

Quelle est, en effet, dans le passé, l'histoire de l'Afrique du Nord ? Interrogez les ruines qui couvrent votre sol. Vous y trouverez les traces superposées de trois grandes races historiques, les débris des civilisations les plus hautes et les plus diverses ; vous y découvrirez les tombes, les monuments, la mémoire des hommes les plus illustres, les restes épars des cités les plus fameuses. Quels noms que ceux de Carthage, d'Hippone, que ceux de Scipion, d'Annibal, de Marius, de Caton, de Jugurtha, de César !

Mais, pour nous chrétiens, que de souvenirs sacrés des héros de notre foi, de leur courage, de leur sainteté, de leur génie !

Qu'elle était grande cette Église africaine, avec ses sept cents évêques, ses temples innombrables, ses monastères, ses docteurs ! Son sol fumait du sang des martyrs; ses conciles, où la sagesse et la mâle fermeté de ses évêques étaient l'exemple du monde chrétien, devenaient la règle de la sainte discipline; l'Église entière se glorifiait de recevoir l'exposition et l'intelligence de ses dogmes de la bouche des Cyprien et des Augustin; ses vierges surpassaient en courage, devant les bourreaux, les hommes les plus intrépides; les grottes de ses montagnes et les oasis de ses déserts étaient embaumées par les vertus de ses solitaires, et tout entière elle offrait au monde un objet d'admiration et de sainte envie.

Mais ces siècles de gloire devaient être suivis de siècles de deuil, et l'Afrique chrétienne devait être aussi fameuse par ses malheurs qu'elle l'avait été par le génie et le courage de ses fils.

Comment es-tu tombée, ô grande Église? comment les pierres de tes sanctuaires se sont-elles dispersées? Comment es-tu devenue l'objet de la colère et de la vengeance divines, celui de la terreur et de la pitié du monde chrétien?

Ah! vous ne savez que trop cette triste histoire, mes très-chers Frères, et vous en trouvez chaque jour autour de vous les traces lamentables. Vous savez qu'après avoir promené dans l'Europe la dévastation et la mort, les Barbares ivres de colère et de sang se précipitèrent à la curée de ces villes opulentes, de ces fertiles plaines dont les habitants déshonoraient trop souvent par leurs vices la foi qu'ils professaient. Vous savez les ruines qu'ils semèrent partout sur leur passage, leurs rapines, leurs cruautés, les longs cris de deuil, les persécutions, l'exil des malheureuses populations catholiques. Vous connaissez la triste et touchante histoire de ces quatre cents évêques arrachés violemment de leurs siéges, le même jour, et chassés en exil, comme un vil troupeau , par les Vandales. Et en rappelant ici ce souvenir, je ne puis m'empêcher de me sentir ému : car, parmi ces pontifes exilés pour la foi, se trouvait Victor, le dernier évêque connu d'Icosium, de ce même siége qui, après quatorze siècles, reçoit aujourd'hui de l'Église une consécration et des honneurs nouveaux, et sur lequel je vais à mon tour prendre place, pour y prêcher la même foi, victorieuse de tous les efforts des tyrans, de tous les complots de l'hérésie.

Mais ce n'était pas assez d'une seule tempête, si violente qu'elle fût, pour abattre cette grande Église.

Délivrés du joug odieux qui est resté dans la langue de tous les peuples comme le synonyme de la barbarie féroce et stupide, les chrétiens de l'Afrique formaient de nouveau, depuis près d'un siècle, sous le sceptre lointain des empereurs, une nation heureuse et paisible. Ils étaient rentrés dans la libre possession de leurs champs, de leurs cités, de leur culte, lorsque, pleins d'un farouche fanatisme, apparurent du côté de l'Arabie les sectateurs de Mahomet. Apôtres armés d'une religion sensuelle, et ne laissant aux peuples vaincus que le choix entre l'apostasie et la mort, les disciples du Coran commençaient ces invasions redoutables qui menacèrent si longtemps l'Europe elle-même et que devaient seuls arrêter enfin les vieux Francs de Charles Martel. Les chrétiens de l'Afrique du Nord furent leurs premières victimes. Leurs troupes éperdues, abandonnées au moment du péril par leurs faibles maîtres de Byzance, essayèrent cependant une résistance désespérée. Les massacres accomplis en masse, l'exil des populations entières transportées par les vainqueurs au fond de l'Arabie, les efforts de plusieurs siècles étei-

gnirent enfin toute résistance. Le sang cessa de couler,
les cris de douleur ou de vengeance de se faire entendre; et il n'y eut plus pour protester, dans les cités
désertes et ensanglantées, contre la violence sacrilége
faite à tout un peuple, que les cendres des saints au
fond de leurs tombes outragées.

Tout n'était pas dit, cependant, il restait à ce peuple presque anéanti un sanctuaire inaccessible où s'en-
ferment les races vaincues pour y maudire leurs bourreaux : celui de la conscience.

Réfugiés sur les sommets ou dans les gorges des montagnes, dans les solitudes du désert, les anciens maîtres de la Mauritanie et de la Numidie conservèrent
longtemps les traditions de leurs pères. Ils avaient encore, au douzième siècle, des évêques catholiques.
Mais peu à peu le sacerdoce disparut; l'ignorance, les
exemples corrupteurs, une persécution incessante,
effacèrent graduellement la foi chrétienne de l'esprit et
de la vie de ce peuple infortuné. Il n'y a guère néanmoins que quatre ou cinq siècles que l'œuvre de mort
est achevée, et les débris en sont encore sous nos yeux.
La haine invétérée de l'Arabe conquérant, le souvenir
et l'image sacrée de la croix, le mariage chrétien, le
code, ou, comme ils disent, le *canon* de leurs lois civiles, tout cela est la trace indélébile d'un passé dont ils
n'ont plus l'intelligence, mais que l'observateur dé-
couvre encore sous ses ruines; de même qu'en fouillant
les débris amoncelés sous les cités modernes de l'Afrique, au-dessous des temples de l'islamisme, on re-
trouve encore souvent les restes sacrés des vieilles
basiliques, témoignages muets de l'antique foi.

Je ne vous ferai pas, mes très-chers Frères, l'affli-
geant tableau des misères et des douleurs dont le sol

que vous habitez a été le témoin dans ces derniers
siècles. Ceux d'entre vous qui l'occupent depuis l'origine de notre conquête ont vu de leurs yeux les ca-
chots où gémissaient tant de milliers d'esclaves chrétiens, les places sanglantes où ils souffraient la mort
plutôt que de trahir leur foi; et tous, il y a quelques
années à peine, à la suite de votre illustre évêque, vous
êtes allés contempler, avec un mélange d'horreur,
d'étonnement et de respect, dans ce mur qui avait
étouffé le corps d'un martyr, la preuve vivante encore,
pour ainsi dire, de la cruauté de ses bourreaux.

Vous savez ce que les plus grands monarques de
l'Europe chrétienne tentèrent vainement, hélas! pour
détruire ce repaire de la piraterie barbaresque, et
rendre à l'Afrique la liberté de son ancienne foi. Saint
Louis, Charles-Quint, le grand cardinal Ximénès, Jean
de Portugal, Louis XIV virent échouer devant ces
rivages leur puissance et le courage de leurs soldats.
Nous ne trouvons pour le nom chrétien d'autre consolation et d'autre honneur, dans la série de ces tristes
siècles, que les vertus et le dévouement des prêtres intrépides qui abordent ces plages inhospitalières. Et
parmi eux brillent, comme partout, du pur éclat de
leur charité, le nom de Vincent de Paul et celui de ses
fils.

Mais est-ce que la mort de ce peuple doit durer sans
retour? Est-ce qu'un souffle de vie ne passera pas sur
ces ossements arides pour les réveiller du tombeau?

On a vu déjà, mes très-chers Frères, des nations dis-
paraître ainsi de l'histoire du monde. L'Europe le voit
encore, à l'heure présente, dans cette nation infortunée, étendue sanglante, déchirée, presque inanimée
sous les serres de l'aigle moscovite. Selon toute appa-

rence humaine, elle perdra son nom, sa langue, sa foi, tout ce qui constitue la vie d'un peuple.

Mieux que nul autre, cet illustre et douloureux exemple vous fera comprendre ma pensée et l'œuvre providentielle que nous avons accomplie dans notre conquête algérienne.

Si, après de longs siècles de martyre et de mort, il était donné à ce peuple, ce peuple de la France du Nord, comme on l'a nommé, de renaître à la vie; si une nation sœur, ayant la même foi, les mêmes ardeurs généreuses, revenait lui dire : « O Pologne, lève-toi et reprends le nom et la gloire de tes pères! » dites-moi, mes très-chers Frères, est-ce que les ossements de ces martyrs qui, depuis un siècle, inondent le sol de leur patrie d'un sang magnanime, ne tressailliraient pas à cet appel? Est-ce que leurs descendants, réveillés peu à peu de l'engourdissement de la servitude, ne pousseraient pas bientôt des cris d'allégresse ? Est-ce que, rouvrant le livre depuis longtemps fermé de leur histoire, ils ne seraient pas heureux et fiers d'en reprendre la trame généreuse et de faire revivre les vertus de leurs ancêtres?

Eh bien, ô Afrique chrétienne, ô patrie de ce peuple illustre qui eut pour pasteurs et pour maîtres les Cyprien, les Augustin, les Fulgence, c'est là ce qui a été fait pour toi. C'est le cri qu'a jeté d'abord à tes rivages, et que depuis a répété à tous les échos de tes monts et de tes vallées la France libératrice. Par la voix de ses plus illustres enfants, de ses généraux, de ses princes, du grand Souverain qui la gouverne, par la voix de ses évêques et de ses prêtres, elle est venue à toi et elle te dit depuis trente années : « Lazare, » sors du tombeau! réunis tes débris épars sur tes

» montagnes et dans tes déserts, reprends ta place au
» soleil des nations, tes sœurs dans la civilisation et
» dans la foi; que tes enfants, apprenant de nouveau
» leur histoire, sachent que nous ne venons à eux que
» pour leur rendre la lumière, la grandeur, l'honneur
» du passé, et que tes anciens vainqueurs eux-mêmes
» comprennent que nous ne venons te venger que par
» des bienfaits. »

II

Tel est, en effet, l'avenir, mes très-chers Frères,
telle est la mission à laquelle, dans la mesure de ma
faiblesse, je suis appelé à concourir avec vous.

Faire de la terre algérienne le berceau d'une nation
grande, généreuse, chrétienne, d'une autre France,
en un mot, fille et sœur de la nôtre et heureuse de
marcher dans les voies de la justice et de l'honneur, à
côté de la mère patrie; répandre autour de nous, avec
cette ardente initiative qui est le don de notre race et
de notre foi, répandre autour de nous les vraies lumières d'une civilisation dont l'Évangile est la source
et la loi; les porter au delà du désert, avec les flottes
terrestres qui le traversent et que vous guiderez un
jour jusqu'au centre de cet immense continent encore
plongé dans la barbarie; relier ainsi l'Afrique du Nord
et l'Afrique centrale à la vie des peuples chrétiens,
oui, je le répète, telle est dans les desseins de Dieu,
dans les espérances de la patrie, dans celles de l'Église,
votre destinée providentielle. En pouvez-vous concevoir de plus haute, de plus digne de vous et de votre
patrie, et n'est-ce pas ce que vous disait naguère une
voix auguste : « Le jour où notre puissance établie au

» pied de l'Atlas apparaîtra comme une intervention
» de la Providence pour relever une race déchue, ce
» jour-là, la gloire de la France retentira depuis Tunis
» jusqu'à l'Euphrate, et assurera à notre pays cette
» prépondérance qui ne peut exciter la jalousie de per-
» sonne, parce qu'elle s'appuie non sur la conquête,
» mais sur l'amour de l'humanité et du progrès [1] ? »

Nous répondrons, chacun dans la sphère de notre
influence et de notre pouvoir, et selon les règles de la
sagesse et de la prudence, à ce noble appel, si digne
du chef d'un grand peuple, et nous aurons ainsi la
gloire d'avoir contribué à écrire une nouvelle page,
l'une des plus illustres peut-être qui ait jamais été tra-
cée dans l'histoire de ce que Dieu a fait par la France.

Oui, généraux et soldats de ces armées fameuses
dont les luttes ont fait depuis un quart de siècle l'honneur de la patrie, un jour viendra où ces tribus guerrières, dont la fierté et le fanatisme ne se sont pliés
qu'avec peine sous votre joug, vous proclameront, par
la voix de leurs fils, les artisans de leur grandeur et les
bienfaiteurs de leur race. Et vous, ouvriers de la première heure, colons intrépides que rien n'a pu vaincre
ni décourager, et qui avez engagé avec le sol de cette
terre nouvelle, au milieu de difficultés, de périls, de
malheurs de tout genre, une lutte héroïque où vous
obtenez déjà la victoire, vous aussi, ce peuple qui sortira de vous bénira, exaltera votre mémoire, comme
celle des pères et des fondateurs de sa nouvelle patrie.

Voilà le but, et maintenant quels sont les moyens
pour l'atteindre ?

Je ne vous parle que comme évêque, mes très-chers

---

[1] Lettre de l'Empereur Napoléon III au maréchal de Mac-Mahon.

Frères, et je dois laisser à ceux qui en ont reçu la mission et l'autorité le soin de veiller au développement de vos intérêts matériels et politiques. Mais ce que je puis et dois vous dire, c'est que la charité, la douceur, le dévouement, la justice impartiale, le zèle éclairé et prudent, toutes ces vertus que nous impose notre foi chrétienne, achèveront seules l'œuvre commencée par les armes ; c'est que l'Église me charge d'apporter à vos travaux, à vos efforts, par ses bénédictions, par ses prières, par ses enseignements, par ses œuvres diverses, le concours qu'elle n'a cessé de prêter depuis dix-huit siècles à la formation des nations chrétiennes : ajoutant au travail de l'homme la force qui vient de Dieu, proposant à leur foi une doctrine qui seule donne la résignation et le courage, à leur imitation les exemples d'abnégation, de dévouement généreux qu'elle inspire à ses saints.

Je n'ai pas besoin de vous le rappeler, mes très-chers Frères, le travail même le plus opiniâtre, le courage même le plus indomptable, l'intelligence même la plus ardente et la plus vive, ne suffisent point à fonder un peuple. Tout cela peut créer des intérêts, des richesses, et réaliser même pour un temps la prospérité matérielle ; mais, pour se développer et pour vivre, les peuples ont besoin d'autre chose que de richesses et de prospérité. Ils vivent surtout de leurs vertus, de leurs croyances, de leurs idées, de leurs principes. Ils auront beau remuer la terre et la forcer à se couvrir de moissons, creuser les mines et en retirer de l'or : s'ils n'élèvent pas plus haut leurs pensées, ils n'aboutiront qu'à une inévitable ruine, à une hâtive décrépitude ; s'ils n'ont pour diriger, pour élever, pour fortifier les âmes, des principes vrais, généreux et justes, leur civilisation, quelles qu'en soient d'ailleurs les apparences, ne sera qu'éphémère et superficielle. Au-dessous se trouvera la corruption la plus détestable, et au bout le plus effroyable abus de la force au profit des passions brutales de quelque Sardanapale ou de quelque Néron.

Et ces principes nécessaires, qui les donnera à vos enfants, qui les rappellera à votre mémoire au milieu des préoccupations qui vous absorbent, qui les fera pénétrer parmi ces peuples déchus que vous devez vous assimiler un jour ?

Pour répondre à une question semblable, je ne puis que vous dire une chose, mes très-chers Frères : votre légitime ambition est de faire de l'autre côté de la Méditerranée une France nouvelle : eh bien, demandez à la mère patrie quelle est l'influence qui l'a faite ce qu'elle est, quelles sont les mains qui ont pétri son âme, et quel est le signe sacré que porte son front.

Et remarquez-le, mes très-chers Frères, le rapprochement est ici manifeste. Rien ne ressemble plus, sur beaucoup de points, à vos origines actuelles que l'histoire des origines de la France chrétienne. Au moment où, avec ses premiers rois, elle va prendre place au rang des nations, son sol est couvert par les barbares accourus des extrémités de l'Orient, ses cités sont en ruines, ses campagnes dévastées, ses habitants massacrés pour la plupart ou réduits en servitude, et en face du fanatisme sauvage de ces conquérants farouches il n'y a rien pour résister au flot qui monte sans cesse, rien qu'une croix, et au pied de cette croix un groupe de chrétiens, dépositaires à la fois des traditions savantes du monde romain, des lumières surnaturelles et des vertus de l'Évangile : des chrétiens, des prêtres, des évêques pleins de sainteté, de charité et de courage, qui, au milieu d'un peuple éperdu, conçoivent et réalisent l'audacieux dessein de conquérir à leur foi leurs sauvages vainqueurs.

Cela suffit, mes très-chers Frères, pour faire la France.

C'est de la croix que descendit la force qui devait dompter enfin le courage de ces races barbares, de la croix que descendit la lumière qui éclaira ces esprits aveuglés par l'ignorance et par les passions, de la croix que vinrent, avec les exemples admirables des solitaires, l'amour du travail, la résignation dans la pauvreté et dans la souffrance, la charité, la générosité ardente, le dévouement chevaleresque, la justice dans la puissance et dans le courage, qui sont restés le caractère propre de notre nation. Et si je pouvais descendre dans les détails, je vous montrerais l'action du christianisme, de l'Église, des institutions catholiques conspirant à faire la France, « ainsi que les abeilles font une ruche », pour me servir de la parole d'un écrivain protestant de l'Angleterre. Les solitudes furent peuplées, les champs où couvaient la maladie et la mort furent assainis, les forêts impénétrables dont nos montagnes étaient couvertes furent défrichées par des légions d'hommes dont la religion seule inspirait le dévouement, par des moines, par des prêtres, par des évêques même quelquefois qui ne craignaient pas d'appliquer leurs mains sacrées à ce dur travail, afin de donner à tous un nécessaire et salutaire exemple. Bientôt autour des monastères, laborieux asiles de la prière et de la charité, les populations se groupèrent; les bourgades, les cités se formèrent, ces bourgades et ces cités où vous avez reçu le jour, et dont les noms et les souvenirs reviennent souvent sur vos lèvres et dans vos cœurs.

Oui, mes très-chers Frères, voilà ce qui a fait la France, ce qui lui a donné son génie, sa gloire, ce qui lui conserve encore son influence dans le monde; ce sont les principes, les vertus, les inspirations, les exemples de l'Évangile. Elle a été, elle est encore, malgré des exceptions ou des apparences quelquefois contraires, une nation profondément chrétienne, la nation chrétienne par excellence, *christianissimum regnum.*

Ce qui a fait la grandeur de la France fera aussi et peut seul faire la vôtre, mes très-chers Frères; je veux dire les principes, les inspirations, les vertus que donne l'Évangile, les enseignements et les exemples de l'Église, et voilà la pensée que l'Empereur a solennellement consacrée en demandant au vicaire de Jésus-Christ de relever pour vous la hiérarchie catholique, afin d'entourer, comme il vous l'a dit lui-même, d'un éclat plus grand notre mission sainte.

Grand Dieu! et ce sont mes faibles mains que vous avez choisies pour travailler à cette œuvre, ce sont mes paroles, mes exemples qui doivent incliner les âmes de mes frères à croire, à respecter, à aimer les enseignements et les pratiques d'une religion divine! Et je dois, comme ces grands évêques dont les noms brillent à l'origine de notre histoire, me faire tout à tous, ne reculer ni devant le travail ni devant la souffrance, pour préparer la complète résurrection d'une contrée assise encore en partie aux ombres de la mort!

Oui, mes Frères, c'est là, autant que me le permettra ma faiblesse, ce que je dois faire avec le secours de Dieu.

Mais vous, de votre côté, souffrez que je vous dise que vos devoirs ne sont pas moindres. Car la race qui sortira de vous sera ce que vous l'aurez faite. Si donc vous voulez qu'elle soit grande, généreuse, noble, chrétienne, en un mot, il faut que vous le soyez vous-mêmes, il faut que vous lui transmettiez en héritage l'exemple de la foi et des sentiments qu'elle inspire. Il faut que le sang qui lui viendra de vous soit vivifié par vos vertus, que vous imprimiez à son âme l'empreinte de la justice, et que par conséquent cette empreinte soit déjà sur votre vie.

III

Voilà, mes très-chers Frères, tel que je l'aperçois des yeux de mon esprit et de ma ferme espérance, l'avenir de l'Algérie chrétienne. Cet avenir n'aura rien, vous le voyez, à envier à son passé. Il ne peut que décourager, dans le présent, par la grandeur même d'une telle œuvre, la faiblesse de celui qui devient votre pasteur.

Il est vrai que je vais trouver dans le champ que je dois cultiver les traces déjà profondes des travaux et des succès des deux éminents prélats qui le fécondèrent les premiers de leurs sueurs.

L'un, tout brûlant de cette charité que Dieu donne au cœur de ses saints, de cette charité que rien n'effraye et que rien n'arrête, et dont les excès, s'ils peuvent être critiqués par la sagesse humaine, trouvent leur excuse et leur gloire dans le dévouement même qui les inspira; cœur d'apôtre à qui rien n'a manqué de ce qui devait vous le rendre cher et vénérable, mes très-chers Frères, ni les ardeurs du zèle, ni les œuvres saintes, « ni, pour parler avec Bossuet, ce quelque chose d'achevé que le malheur donne à la vertu ».

L'autre, dont vous pleurerez encore longtemps la perte, héritant d'une situation difficile, faite pour effrayer un moins ferme courage, mais triomphant des obstacles semés sous ses pas par l'énergie de son caractère, par les dons d'un esprit éminent, par ce zèle dévorant qui ne connut durant vingt années ni trêve ni repos. Également remarquable par la science du docteur, par l'éloquence de l'orateur et de l'écrivain, par l'habileté de l'administrateur, par l'infatigable activité du missionnaire, il nous laisse, mes très-chers Frères, une mémoire illustre qui sera pour l'Église d'Afrique un héritage d'honneur. Aussi ne m'étonné-je pas si la tombe, à peine fermée, de Mgr Pavy a reçu le double et public hommage du Chef suprême de cette Église catholique à laquelle il avait consacré avec tant de succès et d'éclat sa vie tout entière et du Souverain de cette France qu'il avait tant aimée.

Et maintenant c'est moi qui viens reprendre, pour une portion de leur héritage, la houlette tombée de ces mains prématurément glacées par la mort.

Au moment où je la prends pour la première fois, je lève vers le Dieu bon, de qui toute paternité descend [1], de qui vient en particulier la paternité des âmes, je lève vers lui mes mains suppliantes et je lui demande de me rendre digne de guider dans ses voies ces nouveaux fils que sa tendresse me confie à la place de ceux que j'ai perdus.

O chère et illustre Église africaine, autrefois l'honneur de la chrétienté, la mère des docteurs et des saints, puissé-je contribuer à consoler tes douleurs et

---

[1] *Ephes.*, ii, 15.

à te rendre une partie de ta gloire perdue! Ta destinée a été de naître, de grandir et de mourir dans le sang de tes fils. Persécutée par les proconsuls, égorgée par les Vandales, écrasée sous tes ruines par les sectateurs du Coran, tu n'as compté tes siècles que par tes malheurs! Lorsque Dieu t'a rappelée du tombeau, c'est dans le sang des soldats de la France que tu as retrouvé la vie, et aujourd'hui c'est la main d'un Pontife abreuvé de toutes les amertumes qui te rend ton antique hiérarchie. Puissé-je mêler mes sueurs, mes larmes, mon sang, s'il le faut, aux douleurs de ton long martyre, car il est écrit : « Bienheureux ceux qui souffrent[1] », et c'est un de tes docteurs qui a dit le premier cette fière et noble parole : « Le sang des martyrs est une semence de chrétiens[2] ».

Vous me soutiendrez de loin dans cette œuvre difficile et laborieuse par vos bénédictions et par vos prières, ô Père de la grande famille catholique, dont l'autorité m'envoie vers ces lointains rivages, et vous contribuerez ainsi à féconder un ministère qui n'a qu'un but, celui de conserver ou de ramener les âmes à l'Église dont vous êtes le chef, à la vérité dans laquelle il vous est donné de confirmer les pasteurs et les brebis.

Vous me soutiendrez de vos sympathies, mes pères et mes frères dans l'épiscopat dont je m'éloigne aujourd'hui, sans que la distance puisse jamais me séparer de vous dans le dévouement à l'Église de Jésus-Christ et dans l'amour de la France.

Et vous aussi, prêtres fidèles de ces diocèses qui comptent presque tous des représentants sur la terre algérienne, vous me soutiendrez par vos vœux, par vos prières, par votre bienveillant concours.

[1] Matth., v, 7. — [2] Tertullien.

Vous me soutiendrez encore, œuvres bénies qu'ont fait naître sur le sol de la patrie le zèle et la charité de tant de pieux chrétiens, et vous en particulier, la première de toutes, Œuvre sainte de la Propagation de la foi, qui avez déjà tant fait pour cette Église naissante, et qui voudrez, je n'en doute pas, vous associer à la pensée du chef de l'Église en lui fournissant les moyens de pourvoir à son développement nouveau.

Vous me soutiendrez, membres des œuvres de zèle, de piété, de charité, établies déjà sous des noms divers et en grand nombre dans cette capitale de l'Algérie.

Je compte aussi, pour préparer la réalisation de nos espérances, sur l'appui des pouvoirs publics et sur celui de tous les hommes qui veulent et cherchent le bien.

Je compte sur l'appui du glorieux Souverain qui a déjà donné à l'Algérie tant de preuves de cette haute sollicitude qui embrasse, sans en négliger aucun, tous les détails d'un vaste empire.

Je compte sur l'appui des administrateurs éminents de cette colonie, et en particulier de l'illustre chef qui est placé à leur tête.

Je compte sur l'esprit chrétien, bienfaisant, éclairé, qui anime les fidèles de ce grand diocèse.

Et vous, mes fils dans le sacerdoce de Notre-Seigneur Jésus-Christ, quel que soit votre rang dans la sainte hiérarchie, membres du vénérable chapitre métropolitain, pasteurs et prêtres des paroisses, aumôniers et professeurs de nos établissements diocésains; et vous, pieux et dignes auxiliaires du ministère paroissial, religieux des divers ordres, Frères de nos communautés enseignantes; et vous encore, membres de nos congrégations de femmes, qui prodiguez vos secours et vos soins à l'enfance, à la vieillesse, à la pauvreté, à la maladie, je vous regarde comme le plus ferme appui et la meilleure espérance de ma mission sacrée. J'ai la confiance que la paix, l'union, la charité régneront toujours dans vos rangs, et que par le travail, la prière, les saints exemples, vous continuerez d'être la lumière de ce peuple, le sel de cette terre que nous devons évangéliser.

Et moi, mes très-chers Frères, s'il m'est permis de parler ici de moi-même, à défaut des qualités brillantes qui ont illustré vos premiers évêques, je porte du moins le désir, la volonté sincère de me donner, de me dévouer à vous sans réserve. J'appartiens désormais tout entier aux intérêts de vos âmes, et l'Église, qui me les confie, me fait un devoir de n'avoir plus un sentiment, un désir qui ne tende à leur bien véritable. Aussi ne vous étonnerez-vous pas de me voir m'occuper uniquement de mes fonctions et de mes devoirs d'évêque, vivre, dans toutes les circonstances où mon ministère ne m'appellera pas au dehors, dans le recueillement de ma maison épiscopale, et ne donner à la vie du monde que ce que m'en imposeront les lois de la bienséance la plus rigoureuse. Mais si je parais sacrifier ainsi des relations plus multipliées qui sous tant de rapports me seraient précieuses, ce ne sera qu'afin de pouvoir plus souvent parler à Dieu de vous dans la prière, et m'occuper plus sérieusement, par l'administration de ce grand diocèse, de vos intérêts les plus chers. C'est la loi que je m'étais imposée dans la première Église que j'ai gouvernée, et qui seule m'a permis de réaliser les desseins que Dieu m'inspirait pour sa gloire; c'est celle que vous me permettrez de suivre encore au milieu de vous.

J'ai terminé, mes très-chers Frères. Il ne me reste qu'à demander à Dieu de vous bénir, selon l'obligation de mon ministère et l'inclination de mon cœur.

Je le prie donc de vous bénir, représentants et fils de la France, qui êtes venus défendre ou entourer son drapeau sur ces lointains rivages.

Je le prie de vous bénir, vous tous habitants chrétiens de ce diocèse, issus de tant de nations diverses, mais devenus nos frères depuis que vos pieds se sont reposés sur le sol d'une seconde France, enfants de la catholique Espagne ou des îles Baléares, de l'Allemagne ou de la Suisse, de Malte ou de l'Italie.

Je vous bénis enfin, vous anciens habitants de l'Algérie, que tant de préjugés séparent encore de nous et qui maudissez peut-être nos victoires. Je vous l'ai dit déjà, je réclame le privilége de vous aimer comme mes fils, alors même que vous ne me reconnaîtriez pas pour père. Et ce privilége, c'est ma foi qui me le confère, parce qu'elle me montre en vous des âmes sorties des mains du même Dieu, rachetées du même sang, destinées, si vous le voulez, aux mêmes récompenses que celles des fidèles confiés à ma sollicitude pastorale. Mais, en attendant cette heure désirée où il n'y aura plus ici qu'un seul peuple, un seul pasteur, un seul troupeau, il est deux choses du moins que nous ne cesserons de faire : la première, c'est de vous aimer et de vous le prouver, si nous le pouvons, en vous faisant du bien ; la seconde, c'est de prier pour vous le Dieu maître et père de toutes les créatures, afin qu'il vous accorde la lumière, la miséricorde et la paix.

Donné à Paris le dimanche du Bon Pasteur, 5 mai de l'an de grâce 1867.

† CHARLES, archevêque d'Alger.

II

LETTRE AUX RÉDACTEURS DES JOURNAUX CATHOLIQUES,

A L'OCCASION DE LA FAMINE.

Paris, le 1er janvier 1868.

MONSIEUR LE RÉDACTEUR,

Veuillez me permettre d'emprunter la voie de votre journal pour adresser un appel à la charité catholique en faveur des habitants indigènes de l'Algérie.

J'ai hésité à prendre cette initiative, surtout en présence des besoins si nombreux du Saint-Siége et de l'Église; mais le mal s'étend chaque jour davantage, et prend des proportions plus douloureuses. Je ne crois pas qu'il me soit permis de me taire plus longtemps.

C'est, en effet, la *famine* avec toutes ses horreurs qui décime la population indigène, déjà si éprouvée par les ravages du choléra. Deux années de sécheresse, l'invasion des sauterelles ont épuisé toutes ses ressources. Depuis plusieurs mois, un grand nombre d'Arabes ne vivent plus que de l'herbe des champs ou des feuilles des arbres qu'ils broutent comme les animaux; et maintenant, avec un hiver plus rigoureux que d'habitude, leurs corps épuisés ne résistent plus, ils meurent littéralement de faim. On les voit presque nus, à peine couverts de haillons, errer par troupes sur les routes, dans le voisinage des villes, d'où l'on a été obligé de les éconduire pour éviter des désordres de toute espèce; on les voit attendant les tombereaux qui enlèvent les immondices pour se les disputer et les dévorer.

Rien ne les rebute. Ils vont jusqu'à déterrer, pour les manger, les animaux morts de maladie. Ils enlèvent ceux de nos colons, qui sont obligés de garder leurs fermes le fusil à la main. Chose affreuse à dire, plus affreuse encore à voir, on en trouve chaque matin sur les routes, dans les champs, étendus morts d'inanition; on en trouve jusqu'à six, huit, dix et douze ensemble, à côté les uns des autres. Nos journaux d'Algérie sont pleins de ces lugubres récits.

Ces pauvres gens, dénués de tout, montrent encore un courage, une résignation farouche, qui seraient vraiment admirables s'ils étaient inspirés par un sentiment chrétien et s'ils ne naissaient pas de leur triste fatalisme musulman, qui est la première cause de leurs maux, parce qu'il empêche de leur part toute prévoyance. Lorsqu'ils sentent venir la mort, cette mort lente et affreuse qu'amène la faim, ils ne se plaignent pas, ils ne se révoltent pas; ils s'étendent sur la terre, au bord de quelque chemin, s'enveloppent de leurs haillons, se couvrent la face et attendent leur dernière heure en murmurant le nom d'*Allah*.

C'est ainsi qu'ils sont morts du choléra durant tout cet été; c'est ainsi qu'ils meurent maintenant de faim, littéralement fauchés par ces fléaux, comme la moisson par la main du moissonneur.

Des calculs qui ne sont pas exagérés font monter jusqu'à plus de cent mille le nombre des victimes dans ces six derniers mois! Jugez par là, monsieur, du nombre des veuves, des orphelins, des vieillards restés sans ressources.

Ces malheureux se présentent en longues troupes dans les cours des fermes, aux portes des cités; on recueille les petits enfants sur les chemins, quelquefois suspendus encore au cou de leurs mères mortes, quelquefois aussi eux-mêmes expirants.

Dans ces tristes circonstances, le gouvernement de l'Algérie remplit admirablement son devoir. Du travail est proposé à tous les hommes valides, et il y en aura pour tous. Un secours extraordinaire pour les veuves et les orphelins est aussi demandé au Corps législatif, et il sera sans doute accordé.

Mais ce secours sera certainement bien insuffisant pour les orphelins, qu'il s'agit surtout d'adopter, d'élever. C'est donc pour eux, pour ces pauvres enfants, que je sollicite la charité des âmes chrétiennes et.généreuses. Il faudrait pouvoir tous les recueillir. Nos bonnes Sœurs se chargeraient volontiers de cette œuvre de miséricorde. Mais ce sont les ressources qui leur manquent, et qui me manquent absolument à moi-même. Avant de solliciter la charité des autres, j'ai donné tout ce que j'avais ; maintenant, je recevrai avec reconnaissance ce que la charité m'enverra à Alger, où je vais rentrer demain.

Ce n'est pas sans une certaine timidité que j'adresse cet appel aux chrétiens de France ; mais s'ils ne peuvent nous secourir, ils comprendront, du moins, le sentiment qui dicte ma démarche.

Je suis évêque, c'est-à-dire père, et quoique ceux pour lesquels je plaide ici ne me donnent pas ce titre, je les aime comme mes fils, et je cherche à le leur prouver : heureux, si je ne puis leur communiquer ma foi, d'exercer du moins la charité envers ces pauvres créatures de Dieu !

Veuillez agréer, monsieur le Rédacteur, l'expression de mes sentiments les plus distingués.

† Charles, archevêque d'Alger.

III

LETTRE A NOSSEIGNEURS LES ÉVÊQUES DE FRANCE POUR LEUR DEMANDER D'AUTORISER UNE QUÊTE EN FAVEUR DES ORPHELINS ARABES.

Alger, le 20 février 1868.

MONSEIGNEUR,

Votre Grandeur connaît déjà, par les journaux de France et d'Algérie, la triste situation où se trouve réduite une partie de notre population arabe.

Plus prévoyante, plus industrieuse, plus morale, chrétienne et française, en un mot, la population européenne de la colonie a complétement échappé aux fléaux qui ont moissonné les indigènes.

Mais il n'en est pas, il n'en sera pas de même des Arabes, et ce que nous venons de voir, ce que nous voyons encore sur un trop grand nombre de points de la province d'Alger est vraiment désolant.

Je ne parlerai pas de moi-même. J'ai déjà dit ce que j'avais vu, ce que je ressentais de peine et aussi de pitié pour ce pauvre peuple qui venait nous tendre les bras et nous supplier de le sauver des angoisses de la faim.

Pour donner une juste idée à Votre Grandeur de ce qui se passe ici, je me contenterai de Lui citer quelques passages des lettres que j'ai reçues de MM. les curés de mon diocèse dans ces trois dernières semaines :

« Depuis le commencement de l'hiver, m'écrit le
» curé de Marengo, ma paroisse est assaillie par des
» bandes de mendiants indigènes qui errent sur les

» places et dans les rues et rôdent autour des maisons,
» demandant du pain. La plupart de ces malheureux
» sont desséchés et n'ont littéralement que la peau et
» les os : ils n'ont pour toute nourriture que l'herbe
» des champs, les racines de palmiers nains et les
» chardons. J'ai vu plus d'une fois des groupes
» d'hommes et de femmes, armés de bâtons, défendre
» les fossés de la route contre un troupeau de bœufs,
» pour s'emparer des mauves dont ces animaux fai-
» saient leur pâture.

» Il y a une quinzaine de jours une jeune femme
» qui pouvait avoir dix-huit ans se traîna à la porte des
» Sœurs ne pouvant plus dire que ce mot : *Morto,
» morto* : c'était un squelette; pour lui faire prendre
» un bouillon, on fut obligé de lui tenir les deux bras
» pour l'empêcher de l'avaler d'un seul trait, ce qui
» l'aurait tuée. On le lui fit prendre doucement par
» cuillerées : malgré ces précautions, elle expira une
» heure après. Le même fait s'est reproduit à quelques
» jours de distance sur un homme d'une quarantaine
» d'années. Il y en a chez qui les ravages de la faim
» sont tels qu'aucun remède n'est plus possible.

» Cette misère effrayante porte les affamés à toutes
» sortes d'excès : un pauvre orphelin de sept ans errait
» dans la broussaille, traînant une chèvre et quel-
» ques kilos de fèves qu'il mangeait crues, seul héri-
» tage qu'il eût recueilli de ses parents. Les mendiants
» l'ont rencontré, ont tué la chèvre, mangé sa provi-
» sion de fèves et ont précipité le pauvre petit dans
» un profond ravin où ils ont cru le tuer. Les Sœurs
» l'ont soigné, et il fera partie du convoi d'orphelins
» que je vais adresser à *Votre Charité*. »

« Les colons de mon village, m'écrit le curé de

» Mahelma, viennent d'être les témoins du fait sui-
» vant : une voiture chargée de fumier était en marche
» pour se rendre aux champs et des Arabes en arra-
» chaient des débris de feuilles de choux et des pelures
» de navets qu'ils secouaient et dévoraient avide-
» ment. »

Des faits identiques me sont racontés par presque
tous les prêtres et toutes les religieuses de la colonie.

« Ma situation est affreuse, me dit le vénérable curé
» de Montenotte, doyen d'âge de mon clergé. Je suis au
» milieu des Arabes, et tous les jours ils viennent frap-
» per à la porte du presbytère au nombre de quinze à
» vingt. Je leur donne à tous un morceau de pain, pour
» les empêcher de mourir de faim, et quelques dou-
» ceurs aux malades. Mais ce qui est le plus triste,
» c'est de voir des femmes avec de petits enfants sur
» le dos, ressemblant plutôt à des cadavres qu'à des
» êtres vivants. Ces pauvres innocents sont forcément
» condamnés à la mort parce que leurs mères ne peu-
» vent leur présenter qu'un sein tari par la faim. La
» seule consolation que j'aie, c'est d'envoyer au ciel
» quelques-unes de ces pauvres victimes. »

« Pour se procurer de quoi manger, me dit le curé
» de Bou-Medfa, des hommes, des femmes, des en-
» fants viennent avec ma permission arracher dans
» mon jardin les mauves et les hautes herbes pour les
» dévorer. Dans le même but, ils fouillent, pressés par
» la faim, les tas d'immondices et se disputent les or-
» dures qu'ils peuvent y trouver. Ils enlèvent même à
» la voracité des chacals les animaux morts jetés çà
» et là, non loin de nos habitations. »

Les renseignements que me transmet M. le curé de
Ténès sont plus tristes encore peut-être : « C'est le

» cœur navré que nous sommes obligé d'enregistrer
» des faits qui révoltent la nature et que nous avons
» été à même de constater dans les rues de Ténès, où
» nous avons vu des femmes ramasser ces grains non
» digérés qui se trouvent dans le crottin de cheval, les
» laver et les manger ensuite, des enfants disputer
» aux chiens des os trouvés dans des tas d'ordures,
» les casser et les avaler. Les feuilles de salade, de
» choux, de carottes souillées par les immondices
» étaient un régal pour eux.

» Au mois de janvier, un bateau grec, *les Trois-*
» *Frères*, est venu échouer près du débarcadère de
» Ténès, les vagues furieuses ont brisé les bordages
» et plusieurs quintaux de blé qu'il contenait ont été
» portés à la côte. Immédiatement une nuée d'Arabes,
» femmes, enfants et vieillards, sont arrivés qui avec
» des couffins, qui avec des tamis, quelques-uns avec
» leurs vêtements, et entrant dans l'eau jusqu'aux ge-
» noux, ils ont disputé au remous de la vague le blé
» qu'elle apportait. Quand la mer a été calme, ils ont
» tamisé le sable et se sont procuré ainsi une nourri-
» ture qui leur manquait depuis longtemps.

» L'énumération de ces misères est trop affreuse pour
» qu'on puisse insister sur ce sujet, et les cadavres
» trouvés journellement sur les routes, dans les brous-
» sailles, dans les rues, cadavres maigres et déchar-
» nés, sont une preuve irrécusable de l'état de dé-
» tresse où nos Arabes sont réduits. »

Les nouvelles que me donne M. le curé de Milianah
ne sont guère moins navrantes : « Après l'épreuve du
» choléra qui a fini ses ravages dès les premiers jours
» d'octobre, nous avons vu tout à coup les rues de la
» ville envahies par une quantité d'indigènes de tout

» âge et de tout sexe, sollicitant qui un sou, qui un
» morceau de pain, qui un vêtement quelconque. Les
» plus affamés se jetaient avidement sur les balayures
» des maisons, disputant aux chiens les os et autres
» affreux et misérables restes. En passant un jour de-
» vant les écuries de l'armée, j'en ai vu de mes yeux
» fouillant dans le fumier et attendant, passez-moi l'ex-
» pression, les excréments des chevaux pour dévorer
» et engloutir aussitôt quelques tristes grains d'orge.
» Enfin, Monseigneur, l'une des choses qui m'ont le
» plus soulevé le cœur, c'est la vue d'une mère, jeune
» encore et portant dans ses bras son petit enfant
» mort et sans aucun vêtement, afin de provoquer
» davantage la charité publique, et aussi d'une musul-
» mane suivie de ses deux petits enfants, essayant de
» broyer difficilement quelques os, depuis longtemps
» desséchés, pour en extraire un peu de moelle, si
» faire se pouvait. »

Enfin, et je finis par là, M. le curé d'Affreville m'écri-
vait ces jours derniers : « On trouve chaque jour des
» cadavres sur les routes, dans les fossés et les rivières,
» dévorés par l'hyène ou les chacals. Hier encore,
» notre docteur, appelé pour faire l'autopsie d'un indi-
» gène étranglé et laissé nu sur le chemin près du
» pont d'Alcantara, a découvert, à quelques pas plus
» loin, le cadavre d'un autre indigène à moitié mangé
» par les bêtes fauves. »

Voilà, Monseigneur, quelques tableaux tracés par des
témoins oculaires. Ils peuvent vous donner une idée
de la situation de nos Arabes.

La charité a fait et fait encore pour les soulager des
efforts surhumains. Le gouvernement français a fait
voter, pour cet objet, quatre cent mille francs. Celui

de l'Algérie procure du travail à tous les hommes valides. Nos colons sont admirables de dévouement et de charité. Préservés eux-mêmes du fléau par leur courage et par la richesse d'un sol qui n'a pas son pareil, ils viennent en aide, autant qu'ils le peuvent, à leurs pauvres voisins indigènes. Mais tout cela est insuffisant encore, pour les veuves surtout et pour les enfants abandonnés.

J'ai pris, pour ma part, pour celle de l'Église dans ce grand désastre, les pauvres veuves chargées d'enfants et surtout les petits orphelins. J'ai ouvert à ces derniers un vaste asile où ils arrivent, tous les jours, en grand nombre. Déjà huit cents ont été recueillis par moi, et, si, comme cela est à craindre jusqu'à la moisson du moins, la misère des Arabes continue, ce nombre sera de beaucoup dépassé.

C'est une lourde, bien lourde charge, je le sais ; mais je compte, pour m'aider à la porter, sur la charité des chrétiens de France, et je sais qu'elle ne me fera pas défaut.

S'ils voyaient, comme moi, de leurs yeux, lorsque ces enfants nous arrivent, ces pauvres petits corps décharnés, ces visages pâlis par la faim, la trace de la maladie dans tout leur être, ils seraient touchés d'une tendre pitié. Mais ce qu'ils ne voient pas de leurs yeux, leur esprit peut le leur faire aisément concevoir, d'après tout ce que je viens de dire.

Entre les mains de nos bonnes Sœurs, toutes ces misères disparaissent, la santé et la joie renaissent avec une nourriture plus abondante. Des vêtements chauds remplacent les haillons sordides dont les orphelins étaient couverts. Leurs mains s'appliquent au travail et leur esprit s'ouvre à une lumière nouvelle. C'est vraiment une double résurrection, non-seulement pour eux, mais encore peut-être un jour pour tout leur peuple. Oui, c'est, je l'espère, l'aurore d'un jour meilleur que la charité seule était destinée à faire luire sur cette pauvre terre africaine.

C'est aussi, comme je le disais tout à l'heure, sur la charité que nous comptons, que je compte, en particulier, pour le soutien d'une œuvre que ma faiblesse ne peut porter seule. Déjà la charité m'est venue bien largement en aide, mais ce qu'elle a mis entre mes mains ne peut durer longtemps.

Oserai-je espérer, Monseigneur, que Votre Grandeur ne me refusera pas un nouveau concours devenu pour moi si nécessaire ?

Je sais quels sont les besoins de la mère patrie, ceux de votre diocèse en particulier, aussi ne veux-je pas être indiscret et vous demander une chose qui pourrait vous gêner.

Mais croiriez-vous possible d'adresser vous-même à MM. les curés de votre diocèse la présente lettre, *en les autorisant simplement* à la lire en chaire, *s'ils le jugent sans inconvénient pour leur paroisse,* et ensuite à recevoir les offrandes qui leur seraient spontanément offertes ou à faire une quête dans leur église ? De cette façon, personne ne se plaindrait, et j'ai la confiance que le résultat serait encore considérable pour nous, pour mes pauvres Arabes, pour mes pauvres petits orphelins.

L'un de nos plus vénérables et illustres collègues, Mgr l'archevêque de Tours, a bien voulu prendre déjà une mesure semblable, et je sais qu'elle produit d'heureux effets.

Que Votre Grandeur daigne décider, dans sa sagesse et dans sa charité. Elle tient entre ses mains le sort des

corps et peut-être celui des âmes de tout un peuple.
Je prendrai sa résolution comme l'indication même des
desseins et de la volonté de Dieu.

Je n'ai pas besoin d'ajouter que les diocèses d'Oran
et de Constantine sont éprouvés comme le mien. J'au-
rais voulu sur le résultat de la souscription que j'avais
provoquée pouvoir leur venir largement en aide. J'ai
dû me borner à envoyer vingt-quatre mille cinq cents
francs à mes vénérables collègues : treize mille cinq
cents francs à Mgr d'Oran et onze mille à Mgr de Constantine. Mais Votre Grandeur voudra bien elle-même,
si, comme je l'espère, des offrandes lui sont transmises,
leur en envoyer aussi directement la part qu'Elle
jugera juste et convenable pour le soulagement de
leurs malheureux diocésains. Ils savent que je vous
adresse cette prière, et ils ont, comme moi, confiance
dans votre charité.

J'ai l'honneur d'être, avec un profond et respectueux
dévouement,

De Votre Grandeur,

Monseigneur,

Le serviteur très-humble et très-obéissant.

† Charles, *archevêque d'Alger.*

IV

LETTRE A M. LE DIRECTEUR DE L'ŒUVRE DES ÉCOLES D'O-
RIENT, SUR L'EMPLOI DES OFFRANDES POUR LES PAUVRES
ARABES DU DIOCÈSE D'ALGER.

Alger, le 6 avril 1868.

Je viens de terminer la première partie de ma tournée
dans le diocèse d'Alger. Je dois à tous nos généreux
bienfaiteurs de profiter de mes premiers moments de
liberté pour les remercier et pour leur dire où nous en
sommes de nos misères et de nos œuvres.

Nos misères, je veux parler de celles de nos pauvres
Arabes, ne diminuent pas encore. Le typhus est venu,
sur plusieurs points de la province d'Alger, se joindre
à nos fléaux. C'est *cette peste de la faim* que l'on a
successivement remarquée dans tous les pays affligés
par la famine. Elle ne cessera qu'avec la moisson.

La population européenne en général n'en est pas
atteinte; mais il en est autrement de nos communautés
religieuses, qui sont, par devoir, en contact journalier
avec les Arabes. Ces communautés si dévouées, si
modestes dans leur obscur héroïsme, viennent de payer,
à Alger même, un large tribut à la mort. Cinq Sœurs
de Saint Vincent de Paul, une Sœur du Bon-Pasteur,
une Sœur de la Doctrine, un Frère de la Compagnie de
Jésus ont succombé, dans l'espace de quelques jours,
victimes des soins qu'ils prodiguaient aux malades indigènes dans les hôpitaux, aux veuves et aux orphelins
arabes dans les asiles que je leur avais confiés.

Plusieurs autres religieuses sont encore atteintes, en ce moment, de la même maladie, et nous craignons pour leurs jours.

Mais loin de décourager leurs compagnes, ce spectacle ne fait que leur inspirer un plus grand dévouement. Elles acceptent cette situation, de même que les prêtres et les religieux attachés aux hôpitaux et aux asiles, avec un courage surhumain et une joie austère qui me touchent jusqu'au fond de l'âme, et me persuadent que ces pieuses et douces victimes de la charité et de la foi sont le parfum céleste qui se mêle à ce grand holocauste pour attirer sur nous les miséricordes de Dieu.

Heureux si nous pouvions conquérir à ce prix, pour ce pauvre peuple, la seule chose qui puisse le sauver : je veux dire les lumières et les vertus d'une foi qui seule développera dans ces races déchues le sentiment de la responsabilité morale et l'énergie du devoir !

En attendant, je leur prêche l'unique langage que je puisse leur faire entendre, et le plus puissant de tous, il faut bien le dire, celui de la charité. Et c'est vous, ce sont les évêques, les chrétiens de France qui me permettent cette prédication si douce et si forte.

Je viens d'envoyer de nouveaux secours sur quelques-uns des points les plus maltraités de la province, à Orléansville, Aumale, Boghar, Médéah, Milianah et dans le cercle de Ténès où, en vingt-neuf jours, il est mort environ quinze cents personnes.

A Alger même, nous nourrissons plus de deux mille indigènes. La Société des Dames de charité distribue des aliments à près de douze cents d'entre eux ; l'archevêché en secourt directement six cents, et mes divers asiles mille environ.

Jugez par là de ce que doit être la situation générale, et notez bien que, dans la province d'Alger, c'est la charité chrétienne et privée qui devra faire à peu près tout, les deux millions récemment votés par l'État étant presque exclusivement destinés aux provinces d'Oran et de Constantine.

Pour moi, je ne m'en plains pas : le résultat, au point de vue chrétien, n'en est que plus marqué et plus consolant. Les Arabes, ceux même qui ne participent pas à nos bienfaits, se sentent touchés de cet élan de charité auquel ils sont si complétement étrangers par leurs mœurs. Il y a quelques instants, un marabout musulman d'Alger me faisait dire que, vendredi dernier, dans une réunion nombreuse, présidée par lui, il avait fait avec ses coreligionnaires une prière publique pour demander à Dieu de me récompenser, ainsi que les catholiques de France, du bien que nous faisons aux pauvres, aux veuves, aux enfants de leur nation. Il y a trois jours, un mahométan venait m'exprimer les mêmes sentiments et m'amener son fils, en me priant de le recevoir comme élève de mon petit séminaire et d'en faire un chrétien.

Mais l'œuvre qui me donne, à cet égard, le plus de confiance, celle qui, dans un temps prochain, amènerait nécessairement, si elle était soutenue et développée, l'assimilation rapide de l'Algérie, c'est l'œuvre des orphelinats.

Je l'ai entreprise dès l'origine, je la continuerai, et j'ai l'espérance que toutes les âmes chrétiennes, généreuses, élevées, ne m'abandonneront pas dans une œuvre que je soutiens ici, seul, absolument seul avec mon clergé, au point de vue matériel.

Le nombre des pauvres petits enfants recueillis augmentant chaque jour, et ayant dépassé le chiffre de mille, j'ai dû songer à donner à mon œuvre un caractère d'ordre et de stabilité que les premiers moments, où tout était improvisé, ne comportaient point encore.

J'ai d'abord constitué un conseil de surveillance et de patronage, composé des membres les plus honorables de mon clergé et de nos sociétés charitables. Parmi les premiers se trouvent M. Suchet, mon vicaire général; M. Girard, le vénérable supérieur des Lazaristes d'Algérie; M. Banvoy, curé-archiprêtre de la cathédrale; parmi les seconds, MM. Melcion d'Arc et de Baudicourt, dont les noms sont bien connus.

D'accord avec cette commission, j'ai pensé qu'il convenait d'avoir pour nos orphelins deux établissements complétement distincts, l'un pour les jeunes garçons au-dessus de six ans, et l'autre pour les filles et pour les garçons tout à fait en bas âge. Le premier de ces établissements est confié aux Frères des écoles chrétiennes, que leur vénérable supérieur général, le frère Philippe, a bien voulu envoyer à notre aide, et qui sont arrivés la semaine dernière. Il est situé dans la banlieue même d'Alger, dans de très-vastes bâtiments construits autrefois par le R. P. Brumauld, au milieu d'une propriété de cent hectares, que les RR. PP. Jésuites nous ont louée. Les orphelins y sont formés à l'agriculture ou autres arts ou métiers qui s'y rapportent, de façon à pouvoir un jour gagner leur vie : ils sont au nombre de plus de cinq cents.

Les filles sont confiées avec les tout petits enfants aux Sœurs de la doctrine chrétienne. Elles seront également formées aux travaux des champs et aux soins divers d'un ménage rustique. Je ne veux à aucun prix en faire des ouvrières de ville, et à cause des périls

presque insurmontables qu'une pareille position pré-
senterait pour elles, et parce que ce qu'il faut ici,
avant tout, ce sont des familles de colons européens et
aussi de colons indigènes, si on en peut former dans
l'avenir.

Voilà notre plan; il est simple, et j'ose affirmer,
malgré tout ce qu'on en peut dire, qu'il est infaillible
quant à ses résultats. Oui, si cette œuvre persévère, si
le concours de la charité qui l'a créée ne nous fait pas
défaut, si ces enfants ne nous sont pas enlevés, comme
quelques-uns nous en menacent, nous aurons là, dans
quelques années, une pépinière féconde d'ouvriers
utiles, soutiens, amis de notre colonisation française,
et, disons le mot, d'Arabes chrétiens. Ces pauvres
enfants, profondément ignorants de toutes choses,
de celles de leur religion comme de toutes les autres,
n'ont, en effet, même à ce point de vue, aucun pré-
jugé, aucune répulsion contre nous, et je ne doute
pas qu'instruits par nos paroles, par nos-exemples, ils
ne demandent eux-mêmes un jour le baptême. Ce sera
le commencement de la régénération de ce peuple et
de cette *assimilation* véritable que l'on cherche sans la
trouver jamais, *parce qu'on la cherche* AVEC LE CORAN,
et qu'avec le Coran, dans mille ans, comme aujour-
d'hui, nous serons des *chiens de chrétiens,* et il sera
méritoire et saint de nous égorger et de nous jeter à
la mer.

Ce que je dis des enfants, je le dis aussi des femmes.
L'homme parvenu à un certain âge reçoit ici quelque
éducation religieuse; la femme n'en reçoit jamais. Rien
n'est donc plus facile que de lui faire accepter les idées,
les principes chrétiens, lorsqu'elle est soustraite à l'influence de son entourage. C'est ce que nous voyons

chez les femmes recueillies au Bon-Pasteur. Elles n'y sont que depuis deux mois à peine, et elles déclarent toutes, sans y être nullement provoquées, qu'elles veulent être chrétiennes. Nous ne les croyons pas sur parole, comme vous vous l'imaginez, mais vous voyez quelle est leur tendance.

Aussi penserais-je, et je ne suis pas le seul, qu'une des œuvres les plus importantes à créer en ce moment en Algérie serait une œuvre de femmes divorcées ou abandonnées, avec leurs enfants, par leurs maris et leurs familles. Ce serait le complément de notre œuvre d'orphelins, et elle aurait une portée plus large encore.

On calcule, en effet, que les musulmans divorcent, ou répudient leurs femmes, en moyenne, une fois tous les six ans. C'est donc, chaque année, le sixième des femmes musulmanes qui se trouvent, le plus souvent avec leurs enfants, expulsées du domicile conjugal. Pour un grand nombre, il n'y a d'autres ressources que celles de la mendicité, ou, ce qui est plus triste encore, celles du vice. Si l'on pouvait recueillir ces pauvres femmes, quel mal n'empêcherait-on pas? Quel bien ne pourrait-on pas faire? Cette œuvre, je l'ai commencée au Bon-Pasteur, je voudrais la développer à l'égal des orphelinats.

Je ne le puis sans un concours puissant, assuré, des catholiques de France, car pour cette œuvre, comme pour toutes les autres, je n'ai rien reçu, jusqu'à ce jour, que d'eux seuls.

Or, en ce moment, il faut bien que je le dise, pour faire vivre les mille orphelins recueillis par moi durant une année, il me faut deux cent mille francs. Le pain seul, au prix où nous le payons, et je parle du pain du pauvre, coûtera plus de quatre-vingt mille francs.

J'entends d'ici nos amis protester contre mon impru-
dence, malgré leur confiance dans la charité française,
et, en effet, une pareille charge pour un seul homme
et en présence de la misère qui nous entoure de toutes
parts et absorbe tout, est de nature à faire trembler
pour le sort qui m'attend.

Mais non, j'ai foi dans la bonté de Dieu qui ne m'a-
bandonnera pas, dans celle de mes vénérables collègues
de l'épiscopat, dans celle de nos œuvres françaises et
catholiques; et pourquoi ne le dirais-je pas? Je viens de
trouver dans le clergé aussi courageux que dévoué de
mon pauvre diocèse un concours vraiment admirable
que je veux vous faire connaître, pour son honneur et
celui de l'Église, qui seule peut donner de pareils spec-
tacles.

Lors donc que ces prêtres excellents ont vu les charges
énormes qui pesaient sur moi, lorsqu'ils ont vu dimi-
nuer, puis se tarir presque complétemeut les aumônes
qui m'arrivaient d'abord si abondantes, et leur évêque
contraint ou d'abandonner l'œuvre qu'il avait entreprise ou de voir un abîme s'ouvrir sous ses pas, ils sont
venus vers moi et ils m'ont dit : « Non, Monseigneur,
» vous ne serez pas forcé de renvoyer ces pauvres
» enfants, de renoncer à vos plus chères espérances
» d'un avenir meilleur que cette œuvre nous prépare
» et nous annonce. Non, vous ne serez pas non plus,
» comme notre premier évêque, obligé de sacrifier la
» paix de votre vie épiscopale. Vous êtes notre père,
» c'est à nous de suivre l'exemple que vous nous avez
» donné et d'aller dans le monde entier, s'il le faut,
» solliciter pour vos enfants adoptifs, qui deviendront
» les nôtres, la charité de nos frères. »

Et ce qu'ils ont dit, ils l'ont fait, ils le font en ce

moment. Des prêtres de tout âge et jusqu'à des vieillards de soixante-dix ans ne craignent pas de traverser les mers, d'aller en Amérique, aux États-Unis, aux Antilles, au Canada, en Angleterre, pour cette croisade de charité. Ils viennent, avant de partir, me demander de bénir leur pèlerinage avec la simplicité d'un héroïsme qui s'ignore lui-même; et lorsqu'ils s'éloignent, je pleure, comme je le fais en ce moment, d'attendrissement, de reconnaissance et d'admiration.

Voilà un fait plus éloquent que tous les discours. Je n'en connais pas de plus touchant ni de plus honorable. J'espère que les envoyés de ma pauvreté trouveront dans les pays vers lesquels ils dirigent leurs pas un cordial accueil, et si ces paroles publiées par la presse française tombent sous les yeux de nos frères des autres nations catholiques, j'ose leur demander d'entourer de leur bienveillance et de leur respect ces représentants de ma malheureuse Église d'Alger.

† CHARLES, *archevêque d'Alger.*

V

LETTRE AU MÊME SUR L'OEUVRE DES ORPHELINATS INDIGÈNES.

Alger, le 28 décembre 1868.

MON CHER GRAND VICAIRE ET AMI,

L'année qui va s'ouvrir sera plus heureuse pour l'Algérie que celles qui l'ont immédiatement précédée : tout l'annonce, du moins, et nous donne cette espérance.

Mais la reconnaissance me fait un devoir de ne pas oublier l'intérêt que la France chrétienne nous a porté durant nos épreuves les plus cruelles, et aussi de vous dire à quoi ont servi vos aumônes et celles de vos souscripteurs.

Vous verrez mieux d'ailleurs, par le court exposé que je vais essayer de vous faire, quels services vous nous avez rendus et aussi quelles sont les charges que le passé nous a léguées, et combien j'ai encore besoin de votre bienveillant appui.

Sur les dix-sept cents orphelins que j'avais adoptés, dans les cinq premiers mois de cette année 1868, un peu plus du tiers nous a été, il est vrai, malheureusement enlevé par la mort. Les suites de la famine, le typhus surtout, ont fait périr ces pauvres petits êtres, qui se sont éteints avec la résignation de leur race, nous étonnant tous par leur reconnaissance, la vivacité et la délicatesse de leurs sentiments religieux.

Ils dorment maintenant leur dernier sommeil, au

milieu de l'enclos de Ben-Aknoun, près de l'ancien cimetière des Pères Jésuites; et j'espère qu'ils veillent,
du haut du ciel, sur leurs petits compagnons d'autrefois, et qu'ils prient pour ceux dont les aumônes, si
elles n'ont pu leur sauver la vie, ont adouci, du moins,
leurs derniers instants.

Mais voici, grâces à Dieu, plus de six mois que leur
cimetière est inutile; et il nous reste encore plus de
mille enfants dans nos diverses maisons.

On avait eu, vous le savez, et cela dès l'origine, la
persuasion que ces enfants s'enfuiraient aux premières
figues de Barbarie [1], ou que leurs tribus viendraient les
réclamer.

Malgré ces prédictions, et voulant être en tout conséquent avec moi-même, j'avais dit aux Frères et aux
Religieuses qui dirigent les orphelins : « Laissez vos
» maisons toujours ouvertes; n'ayez ni clefs à vos por-
» tes, ni murs, ni clôtures aux champs où vos enfants
» travaillent. Que rien ne les retienne, si ce n'est le
» sentiment de leur intérêt et les bons traitements qu'ils
» recevront de vous. »

Ma confiance n'a pas été trompée : sur plus de dix-
sept cents enfants que nous avons reçus, quelques-uns
à peine ont déserté nos maisons; et c'étaient des orphelins des villes, déjà gangrenés par le vice.

— Tu as ta mère encore vivante, disais-je un jour
à un de ces pauvres petits, il faut retourner avec elle!

— Oh! non, me répondit-il, je ne veux pas, je ne
veux pas!

— Et pourquoi cela, mon enfant?

---

[1] Les Arabes se nourrissent presque exclusivement, durant l'été, de
figues qui croissent spontanément dans toutes les haies.

— Parce qu'ici j'ai trouvé un père qui est meilleur que ma mère.

C'est la nature qui parlait là avec la finesse orientale. Ces enfants sentent, dans les soins dont elle les entoure, dans le bien-être qu'elle leur donne, la puissance d'une vertu étrangère au mahométisme : la charité !

Combien de fois ne m'ont-ils pas dit, et ne me répètent-ils pas encore :

— Père, si tu n'avais pas été là pour nous donner du pain, nous serions tous morts à présent !

Et moi je leur réponds :

— Non, mes enfants, ce n'est pas moi qui vous ai sauvés, ce sont les chrétiens de France ; il faut prier le bon Dieu de les récompenser.

— Oui, Père, nous le ferons tous les jours.

Si les enfants n'ont pas voulu consentir à nous quitter, les parents collatéraux ne sont pas davantage venus réclamer nos orphelins. Au contraire, ils sont souvent venus nous offrir leurs propres enfants.

Ceci est tellement caractéristique, et confirme si bien mes premières appréciations, que vous me permettrez d'en citer deux exemples, entre beaucoup d'autres ; ils nous fixeront sur le changement que le temps et l'expérience opèrent peu à peu dans l'esprit des Arabes.

Voici ce que publiait, sous la signature de son rédacteur en chef, le journal *l'Ackbar*, dans son numéro du 24 mai dernier :

« Avant-hier, nous causions, dans son jardin, avec
» l'un des curés des environs d'Alger, lorsque se pré-
» sentèrent trois chefs de famille indigènes, accompagnés
» de leurs femmes, qui conduisaient une dizaine d'en-
» fants dont l'aîné n'avait pas douze ans. Un d'entre eux

» parlait français. Il expliqua au bon prêtre qu'ils étaient
» tous dans la plus grande détresse, et se trouvaient
» dans l'impossibilité absolue d'élever leurs enfants.

» Le curé leur répondit : — J'espère obtenir par
» mes sollicitations l'admission de vos enfants à l'or-
» phelinat ; mais il ne faut pas vous y tromper ; on
» n'élèvera pas vos enfants dans votre religion ; on
» leur inculquera les principes de notre civilisation, les
» idées sociales qui règnent chez les *Roumis* et qui ne
» sont pas les vôtres. Songez-y bien.

» L'Arabe traduisit à ses voisins la petite allocution
» du curé ; ils causèrent longtemps entre eux, puis le
» truchement reprit :

» — Votre Dieu est aussi notre Dieu, n'est-ce pas?

» — Évidemment, puisqu'il n'en existe, qu'il n'en
» peut exister qu'un seul.

» — Eh bien, ces pères et ces mères qui sont devant
» toi me chargent de te dire que nous connaissons les
» Français, que nous savons comprendre leur carac-
» tère et leur bienfaisance. Fais donc élever nos en-
» fants comme on élève les vôtres, et nous vous
» remercierons.

» Hier tous ces enfants sont entrés, les garçons à
» Ben-Aknoun, les filles au Bon-Pasteur. »

Le second exemple est plus récent encore.

Il y a trois jours seulement, je recevais du doyen
des prêtres de mon diocèse, du vénérable curé de Montenotte, la lettre que je vais citer.

Pour bien la faire comprendre, il faut vous dire tout
d'abord que, visitant, il y a quelques semaines, cette
paroisse, qui est à soixante lieues d'Alger par la voie
de terre, le bon curé me présenta un pauvre orphelin
arabe, la tête toute couverte d'ulcères, en me priant

de le recueillir. Il avait encore des parents dans la tribu voisine, mais ils désiraient se décharger de lui.

— Veux-tu venir avec moi? dis-je à l'enfant.

— Je le veux bien, répondit-il avec résolution.

— Eh! bien, monte dans ma voiture, je t'emmène.

On se récria beaucoup, en me faisant des objections, très-fondées du reste, sur la garnison vivante que tous les Arabes, grands et petits, et surtout les pauvres, portent avec eux. On me dit qu'on m'enverrait mon nouveau protégé à Alger; mais, pour toute réponse, je pris l'enfant dans mes bras, je l'embrassai malgré ses plaies, et le montai dans ma voiture, où il fut aussitôt comme chez lui.

Il y avait là des colons, et aussi des Arabes qui me regardaient ébahis. Je conduisis l'enfant à Saint-Eugène, je le confiai aux Frères, et je ne pensais plus à cette petite aventure, lorsque j'ai reçu la lettre du curé de Montenotte.

« Monseigneur, m'écrit-il, votre passage dans ce » pays, et ce que vous y avez fait, a produit une telle » impression sur les indigènes, que plusieurs d'entre » eux sont venus me demander si vous voudriez rece- » voir leurs enfants pour les élever à Ben-Aknoun; mais » je leur ai répondu que, pour le moment, vous ne » receviez que les orphelins. Je vous en avertis cepen- » dant, pour connaître vos intentions. Oh! Monseigneur, » c'est la charité qui changera seule ces pauvres Arabes » et en fera la conquête!... »

J'ai répondu au curé ces simples paroles; vous et vos généreux souscripteurs les approuverez, j'en ai la confiance :

« Mon cher et bon curé,

» Il est vrai que je n'ai ouvert mes asiles que pour
» les orphelins abandonnés de tous. Mais je crois pou-
» voir assez compter sur la charité catholique pour ne
» pas fermer à ces pauvres enfants indigènes, voués,
» sans cela, à l'ignorance et au vice, les portes de mes
» établissements. Dites donc à tous les Arabes qui
» vous en ont fait ou vous en feraient la demande
» qu'ils n'ont qu'à m'envoyer leurs enfants. Dites-leur
» que le grand marabout des chrétiens leur enseignera
» à gagner honnêtement leur vie par le travail, à
» craindre Dieu et à aimer leurs frères. Dites-leur aussi
» que je les bénis et que je les aime parce qu'ils sont,
» comme moi, les créatures et les enfants de Dieu, et
» que je serai heureux de le leur prouver plus encore et
» mieux par mes actes que par mes paroles. »

Vous le voyez, mon cher ami, l'œuvre est bien née
vivante. Déjà je cherche les moyens de la développer
et d'établir sur plusieurs points de la province d'Alger
de vastes fermes-écoles, où les enfants indigènes, dont
les parents le désireraient, viendraient librement, avec
les enfants européens, se former au bien, au travail,
apprendre nos méthodes et recevoir une instruction
première qui modifiera profondément la routine et les
préjugés de leur race.

Six grandes propriétés, mesurant ensemble plusieurs
milliers d'hectares, me sont offertes pour cela. Bien
administrées, elles suffiraient à nous donner le nécessaire : les ressources premières me font seules défaut.

Oh ! mon cher ami, je n'ai jamais aimé l'argent ; mais
lorsque je le vois si indispensable, lorsque je sens que
j'ai tout le reste autour de moi, c'est-à-dire les dévoue-

ments si purs de nos bonnes Sœurs, de nos Frères, des prêtres de mon excellent clergé, qui ne demandent tous qu'à se consacrer, jusqu'à la mort, à ces grandes œuvres de charité, de civilisation et de foi, lorsque je vois les Arabes eux-mêmes commencer à comprendre le bien que nous pouvons faire à leurs fils, je me prends à désirer d'être riche !

Si, du moins, ces lignes pouvaient tomber sous les yeux de quelqu'une de ces personnes généreuses et chrétiennes de notre France qui cherchent le bon emploi de leur fortune ! Ici, et dans nos œuvres commencées, elles trouveraient à servir efficacement, sûrement, les causes les plus chères à nos cœurs : celle de l'Église, dont nous voulons ressusciter les œuvres sur cette terre qui a été sienne ; celle de la civilisation chrétienne, que nous cherchons à introduire parmi ces pauvres peuples dégénérés ; celle de la France, dont nous étendons et consolidons l'influence.

Tout cela se trouve, en effet, dans notre espérance de modifier peu à peu ce pays par l'éducation de ses enfants.

Sauf des exceptions peu nombreuses, les adultes sont personnellement perdus pour nous. Livrés à une paresse presque incurable, esclaves d'une religion sensuelle et fataliste, victimes de préjugés farouches, les Arabes échappent presque absolument à notre action, et n'attendent guère que quelque occasion favorable pour nous témoigner leur haine.

Pour les enfants, c'est tout autre chose ; et nos orphelinats nous donnent déjà la preuve de la facilité avec laquelle on peut arriver par eux à une assimilation progressive.

Je vous étonnerais certainement, mon cher ami, si

j'entrais ici dans le détail des résultats obtenus par les Frères de Ben-Aknoun, par nos Sœurs de Kouba, sur les enfants qui leur sont confiés.

Il y a six jours environ, nos garçons orphelins, au nombre de plus de cinq cents, venaient à Alger, invités par leurs petits camarades des écoles des Frères, pour célébrer la Saint-Nicolas en mangeant avec eux les gâteaux traditionnels.

La population de notre ville, qui les avait vus arriver, il y a quelques mois, de leurs tribus, maigres, couverts de haillons, à demi sauvages, avait peine à les reconnaître. Voici ce qu'en disait le principal journal d'Alger, dans un article dont le rédacteur m'est inconnu, mais qui rendait l'impression générale :

« Au milieu des séries d'élèves que promenaient » hier les Frères des écoles, on remarquait les jeunes » orphelins arabes. Leur tenue, à la fois simple et élé- » gante, se composait d'un paletot et d'un pantalon » blancs fort bien ajustés, le tout de même étoffe ; sur » la tête, ces enfants portaient allègrement un *chechia*. » Leurs figures fraîches et roses, dénotant la santé, » faisaient arrêter tout le monde pour les regarder et » prononcer des paroles de satisfaction, dont devaient » être fiers leurs modestes maîtres.

» On entendait : Comme cette tenue leur va bien ! » — Comme ils sont gais, réjouis, et comme ils pa- » raissent heureux !

» — Jésus, mon Dieu ! disait une grosse Bourgui- » gnonne nouvellement débarquée, car elle n'a pas » encore abandonné la coiffe de son village, ils sont » roses et joufflus comme s'ils étaient de mon pays !

» Plus loin, un jeune couple s'extasiait sur la bonne » mine de ces enfants.

» — Comment, disait la jeune femme, ce sont là ces
» pauvres petits que nous avons vus si maigres, gre-
» lottant sous leurs guenilles? Quelle métamorphose !

» Et dire que ces innocents eussent été inévitable-
» ment la proie de la mort, sans le sauveur que la Pro-
» vidence leur a envoyé !

» Un militaire s'exclamait : — Sa Grandeur aura là
» un joli bataillon dans quelques années !

» Enfin, il n'y avait que paroles flatteuses pour Mon-
» seigneur de la part de ceux qui rencontraient ces
» orphelins marchant avec désinvolture, et saluant tou-
» jours ceux qui s'adressaient à eux plus particulière-
» ment, en laissant échapper de leurs lèvres roses un
» *bonjour, monsieur! bonjour, madame!* accentués en
» français. »

Mais ce qui me touche bien plus que ces éloges donnés à l'extérieur de nos orphelins, et vous n'en serez
pas surpris, c'est la métamorphose intérieure, morale,
qui s'opère, qui s'est opérée déjà en grande partie chez
ces pauvres petits.

Ils nous sont venus tout imprégnés de vices, dont ils
étaient les témoins et les victimes sous la tente et dans
leurs gourbis : le vol, la paresse, le mensonge ; mais,
pour être juste, il faut que j'ajoute aussi, offrant le
singulier et admirable ressort du sentiment religieux le
plus profond malgré leur ignorance, du respect de l'autorité, et par-dessus tout, du sentiment de la reconnaissance.

Aujourd'hui, grâce à une surveillance de tous les
instants, à des encouragements habilement ménagés,
à une charité douce et compatissante, à des instructions proportionnées à leur intelligence, ils sont, je le
répète, presque transformés.

Ils sont devenus laborieux. On les emploie, pour la plupart, aux travaux agricoles de leur âge. Ces travaux durent neuf heures par jour, sans compter deux heures de classes proprement dites. Pas un ne songe ni à se plaindre ni à se soustraire à la tâche imposée, et si vous les voyiez partir maintenant à l'aurore de nos jours d'hiver, c'est-à-dire vers six heures et demie, portant leurs pioches ou leurs pelles sur l'épaule et chantant gaiement leurs refrains arabes, vous seriez enchanté de leur air décidé et de leur bonne mine. Je les regarde quelquefois de mes fenêtres, lorsqu'ils sont à Saint-Eugène, et je voudrais que la France entière les vît.

Il y a plus, et quoique rien de semblable n'existe dans leurs tribus, j'ai voulu former parmi eux des escouades d'ouvriers, en me bornant encore aux états les plus utiles à la vie des champs. J'ai donc loué à l'année des maîtres maçons, forgerons, charpentiers, menuisiers, dont je suis sûr; et j'ai proposé à ceux des orphelins qui en sentiraient le goût de se placer sous leur conduite. Immédiatement des ateliers se sont formés; et maintenant tous les travaux ordinaires de nos établissements commencent à s'exécuter par eux. Au moment où je vous écris, nos petits maçons font, sous mes fenêtres, une portion du mur de clôture du petit séminaire Saint-Eugène; et mes charpentiers préparent une baraque qui servira d'abri aux orphelines de Kouba.

Ce qu'il y a de plus remarquable et de plus consolant en tout cela, c'est qu'ils sentent déjà que leur travail les met au-dessus de leurs compatriotes, et par conséquent au-dessus de leur ancien état.

— Où est-on mieux, ici ou dans la tribu ? demandai-je hier à un petit maçon.

— Ici.

— Et pourquoi cela ?

— Parce que, me répondit-il avec une sorte de fierté comique, dans les tribus ils sont ignorants : ils n'ont ni maçons ni charpentiers !

Ce que je dis des garçons, je le dis aussi des filles. Elles sont maintenant avides de travail. Nous nous sommes trouvés, dans ces derniers temps, à court de pioches pour les champs de l'orphelinat. Il n'y en avait pas pour toutes les orphelines, et c'était entre elles une occasion de querelles : chacune voulait être préférée à ses compagnes dans la distribution des instruments.

Comme pour les garçons, le fond de leur travail est l'agriculture ; mais elles commencent aussi, et avec une grande adresse, à exécuter les travaux de leur sexe : elles blanchissent, cousent, repassent, et même apprennent à broder.

Je vous demande pardon d'entrer dans ces détails ; ils peuvent paraître minutieux ; mais je les donne cependant, parce qu'il s'agit ici de combattre les préjugés tenaces de quelques-uns sur l'impossibilité d'améliorer les indigènes, et parce que je montre jusqu'à quels détails il faut descendre pour réformer un peuple déchu.

Il n'y a qu'une mère qui le fasse avec joie et courage, parce qu'elle travaille pour son enfant ; mais l'Église, qui nous inspire et nous dirige dans notre œuvre, est une mère ; elle a été celle du monde moderne, elle sera celle des pauvres nations africaines, si profondément déchues.

Je puis dire de tout le reste ce que je viens de dire de l'amour du travail.

Le vol, qui était si fréquent parmi eux à l'origine,

qu'on ne pouvait rien laisser à leur portée et qu'ils se relevaient la nuit pour dérober tout ce qu'ils convoitaient, a presque entièrement disparu.

Je citerai ce fait, dont je suis le témoin depuis plus de trois mois. J'ai à Saint-Eugène soixante-six orphelins employés dans les ateliers dont j'ai parlé plus haut ou appliqués aux travaux de la terre. Or, dans les jardins il s'est trouvé des fruits en abondance : grenades, oranges, etc. Une troupe d'enfants, même français, ne les respecterait guère, et nous dispenserait du soin de faire la récolte. Et nos enfants n'en ont pas enlevé un seul.

— Vous ne volez plus, mes enfants? leur disais-je une fois.

— Non, père, nous ne volons plus.

— Et pourquoi?

— Parce que Dieu nous verrait!

Quelle réponse! mon cher ami, et quel sentiment exquis et fin elle dénote de la part d'un enfant hier encore à demi-sauvage et voué au vol par imitation et par instinct !

Puisque je vous parle de leur sentiment religieux, vous désirerez savoir aussi, sans doute, où ils en sont relativement au christianisme.

Vous vous rappelez la ligne de conduite et les engagements publics que j'ai pris, à cet égard, dès l'origine. J'ai annoncé que ces enfants resteraient libres, qu'aucune pression ne serait exercée sur eux, et que, s'ils voulaient être chrétiens, nous n'accueillerions leur demande que lorsqu'ils seraient en âge de se décider avec maturité.

Je tiendrai ma parole, et vous comprenez les raisons puissantes qui doivent m'y faire tenir.

Mais le travail se fait, ou, pour mieux dire, il est déjà fait dans l'âme de tous nos enfants.

— Nous sommes Français, disent-ils; nous voulons être Français, et non pas Arabes.

— Mais, mes enfants, leur dis-je quelquefois, vos pères, vos mères étaient Arabes : quand vous serez grands, vous serez comme eux.

— Non, c'est toi qui es notre père, c'est toi qui es notre mère; nous voulons être comme toi.

Du reste, et avec leurs instincts religieux, le caractère dont leurs maîtres sont revêtus donne à ceux-ci une autorité morale bien plus grande sur les orphelins.

Cela est encore bien plus marqué pour moi. Je suis à leurs yeux une sorte d'être surnaturel, et la pensée que je les ai sauvés de la mort, se joignant à la première, les rend encore plus respectueux et plus dociles.

Ce matin même et à cette place où je vous écris, un petit Arabe de dix ou onze ans venait me trouver avec son surveillant. Il avait perdu son couteau, et il en avait un tel désespoir, que je lui avais promis de lui en donner un autre. Il venait le chercher.

— Merci, Monseigneur, me dit-il en le recevant.

— Pourquoi m'appelles-tu *Monseigneur ;* qu'est-ce que ce mot veut dire?

— Je ne sais pas.

— Mais qui suis-je, moi?

— Toi, me dit-il en me regardant tout attendri avec ses grands yeux noirs, tu es le bon Dieu!

— Non, mon enfant, je suis un pauvre homme comme toi; mais c'est le Seigneur Jésus, que tu vois là sur la croix, qui m'a ordonné de recueillir les petits orphelins et de leur servir de père.

— Alors, c'est Jésus qui est Dieu!

— Comment cela ?

— Parce qu'on m'a dit que c'est Dieu qui est le père des orphelins.

Que dites-vous de cette délicatesse de sentiment et de raison ? — Voilà une exquise apologie du christianisme, sortie tout entière de la bouche d'un petit musulman de dix ans.

Mais je sens que je m'oublie et que je me perds dans les détails. Il faut seulement que je vous dise, avant de finir, quelle est notre situation matérielle, et de quel péril nos œuvres sont menacées.

Au premier moment de la création de notre asile, nous avions reçu indistinctement tous ces pauvres êtres mourant de faim, dans un seul établissement dirigé par les Sœurs de la Doctrine chrétienne. Je vous ai souvent parlé dans mes lettres de cette maison, où le zèle vraiment héroïque de ces bonnes religieuses et des Pères de la Compagnie de Jésus a eu à lutter contre tous les fléaux, et a compté de nombreuses et saintes victimes.

C'est là que nous avons recueilli, sans autre pensée que de les sauver de la mort, nos dix-sept cents orphelins. Mais lorsque le flot de la misère et des épidémies a commencé à descendre, nous avons dû songer à organiser notre œuvre, à en séparer les éléments d'une manière rationnelle, afin de les mieux disposer et d'arriver au but que nous nous proposons, celui de transformer, par une éducation française et chrétienne, ces pauvres barbares que nous avons reçus mourant également de la faim du corps et de la corruption de l'âme.

De cette pensée sont nés successivement dans le diocèse d'Alger six établissements divers, sans compter les orphelinats des Jésuites et des Sœurs de Saint-Vincent de Paul, qui ont, de leur côté, reçu cent enfants indigènes.

Le premier et le principal est le grand orphelinat des garçons, qui compte à lui seul plus de cinq cents enfants, et est confié aux soins des bons Frères des écoles, aidés dans leur œuvre par quelques auxiliaires laïques.

Ces enfants sont occupés spécialement aux travaux agricoles sur les terres de l'orphelinat, et aussi à quelques états ou métiers qui s'y rapportent, comme la boulangerie et la boucherie.

Nous avons là également des escouades de tailleurs et de forgerons futurs.

Dans quelques bâtiments annexes du petit séminaire de Saint-Eugène, nous avons une autre section de l'orphelinat des garçons, spécialement appliquée aux métiers manuels autres que l'agriculture. C'est là que sont les maçons et charpentiers dont j'ai parlé déjà.

Et, au petit séminaire lui-même, j'ai admis l'élite intellectuelle de nos enfants d'adoption, quelques Arabes, quelques Kabyles qui ont commencé leurs études littéraires. Ceux-là savent déjà lire, écrire un peu, calculer, et ils feront leurs classes tout entières pour entrer plus tard, si Dieu me prête vie et leur donne persévérance, dans les carrières libérales.

Je me plais quelquefois à songer que ces chers petits Arabes, si éveillés, si intelligents, si sensibles aux bontés que l'on a pour eux, seront les actifs, les vrais apôtres de leur peuple ; qu'arrachés à sa double misère matérielle et morale et la comprenant à fond, par conséquent, ils chercheront à l'en arracher lui-même, et qu'ils seront ainsi les continuateurs de l'œuvre que j'entreprends aujourd'hui.

De même que les garçons, les filles indigènes ont un établissement principal.

Il est situé à Kouba, à quatre kilomètres du grand séminaire, et est dirigé par les excellentes Sœurs de Saint-Charles de Nancy. Les enfants y sont au nombre de près de trois cents.

Là, comme à Ben-Aknoun, les travaux agricoles, avec l'instruction élémentaire qui convient à une femme, sont les seuls en usage. Vous seriez surpris de l'adresse et du courage de ces pauvres orphelines et des progrès qu'elles font, comme aussi de leur docilité et de leurs instincts pieux.

Dans une autre maison dépendant de Ben-Aknoun, mais distante de plusieurs kilomètres, les Sœurs de Saint-Joseph des Vans ont une section d'orphelines qui sont plus particulièrement formées aux travaux d'aiguille et de lingerie.

Enfin, le Bon-Pasteur d'El-Biar a donné asile à soixante environ des plus grandes, qui ont été placées à côté des veuves indigènes.

Toutes ces maisons de refuge et d'éducation sont exclusivement à ma charge. Jusqu'à l'heure présente je n'ai rien reçu que de la charité chrétienne, et en particulier de celle de Nosseigneurs les Évêques et de la vôtre; mais je dois l'avouer, et je vous l'avoue sans honte, si la charité m'abandonne, si elle ne continue pas à venir à mon aide, je serai obligé un jour, hélas! et bientôt peut-être, de dire à tous ces pauvres petits :
« Mes enfants, j'avais cru pouvoir vous garder près de
» moi, vous élever, vous former au bien, vous donner
» la vraie lumière, faire de vous des fils dignes de la
» France chrétienne. Je dois y renoncer; il faut retour-
» ner dans vos montagnes et sous vos tentes, et deman-

» der à votre peuple ce que je ne puis plus vous don-
» ner. »

Les ressources relativement considérables (car elles
se montaient à plusieurs centaines de mille francs) que
j'avais reçues, il y a quelques mois, de la France, de
la Belgique, de l'Allemagne, du Canada, sont déjà
presque absorbées par les secours que j'ai distribués à
tant de malheureux, et les dépenses énormes que j'ai
dû faire pour mes établissements hospitaliers depuis le
mois de janvier, époque à laquelle j'ai commencé à recueillir nos orphelins.

Ce qui me reste ne suffira même pas aux dépenses
que je prévois dans le plus prochain avenir. J'avais simplement loué Ben-Aknoun pour plusieurs années, ne
pouvant pas l'acheter. On annonce que l'administration
municipale d'Alger va nous exproprier, pour établir là
un dépôt de mendicité et trouver les eaux d'alimenta-
tion qui lui manquent.

Je cherche une autre propriété, pour ne pas être exposé à voir, au premier jour, mes orphelins sur la rue.
Mais il faut acheter, bâtir. On m'offre à la vérité, comme
je l'ai dit déjà, plusieurs terres considérables et où
mes enfants trouveraient à vivre sans autre secours.
Mais où prendre l'argent nécessaire ?

La vaste propriété de Kouba, où les filles sont établies, a aussi dû être achetée; mais vous auriez pitié de
voir ce que les pauvres Sœurs ont à souffrir dans la
maison qui est insuffisante. Il y a là encore bien des
dépenses à faire.

Mon cher ami, vous avez partagé mes espérances et
mes peines. Vous êtes prêtre, et vous devez sentir ce
que j'éprouve et ce que je souffre en pensant que je
puis être obligé de renoncer à des œuvres dont je con-

sidère le maintien comme un devoir sacré d'humanité
et de religion, et qui serviront certainement la cause
de la France.

Le sentiment de ma faiblesse semble devoir m'inter-
dire d'en appeler à ce grand nom. Mais je sens de quel
cœur saint Vincent de Paul devait parler aux dames
de la cour de Louis XIII lorsqu'il plaidait auprès
d'elles la cause de ses enfants trouvés. Si ma voix n'a
pas sa puissance, elle parle au nom du même Dieu et
en faveur de misères encore plus grandes. Elle sera en-
tendue de vos pieux souscripteurs et de tous les chrétiens de France, lorsqu'elle leur adressera la même
prière si touchante dans sa simplicité et sa vérité :

« La compassion et la charité, pouvons-nous dire
» avec saint Vincent de Paul, vous ont fait adopter ces
» petites créatures pour vos enfants; vous avez été
» leurs mères selon la grâce, depuis que leurs mères
» selon la nature les ont abandonnés : voyez mainte-
» nant si vous voulez aussi les abandonner. Cessez d'ê-
» tre leurs mères pour devenir leurs juges : leur vie et
» leur mort sont entre vos mains; je m'en vais prendre
» les voix et les suffrages : il est temps de prononcer
» leur arrêt, et de savoir si vous ne voulez plus avoir
» de miséricorde pour eux. Ils vivront si vous conti-
» nuez d'en prendre un charitable soin; et, au con-
» traire, ils mourront et périront infailliblement si vous
» les abandonnez : l'expérience ne vous permet pas
» d'en douter. »

Et si je pouvais avoir quelque doute sur le succès de
cette prière, il disparaîtrait bien vite devant les assu-
rances que me donnait, il y a quelques mois à peine,
dans un bref que nos journaux ont publié, le Vicaire
même de Jésus-Christ :

« Nous croyons, nous disait N. S. P. le Pape Pie IX,
» devoir combler de louanges particulières tous ceux
» qui, par leur courageux concours ou par leurs géné-
» reuses aumônes, vous ont aidé dans votre œuvre ad-
» mirable, ou vous aideront dans la suite. Persévérez
» donc avec confiance dans votre entreprise, et que
» les obstacles ne fassent qu'augmenter votre courage,
» car c'est au milieu des obstacles que les œuvres de
» Dieu ont coutume de marcher et de se fortifier.

» Avec l'appui de Dieu, ni la grâce, ni la force, ni
» les moyens matériels nécessaires pour achever votre
» œuvre ne manqueront ni à vous ni aux vôtres. »

Je m'arrête, mon cher ami. Dans mes prières et dans celles de mes orphelins, votre nom et celui de tous ceux qui continueront à nous venir en aide seront chaque jour prononcés avec reconnaissance, et recommandés à Celui qui a promis de récompenser même le verre d'eau froide donné en son nom au dernier d'entre ses enfants.

Croyez, mon cher ami, à mes sentiments les plus dévoués et les plus affectueux en N. S.

† CHARLES, *archevêque d'Alger.*

VI

LETTRE A M. LE DIRECTEUR DE L'ŒUVRE DE LA SAINTE-ENFANCE SUR L'ŒUVRE DES ORPHELINATS INDIGÈNES.

Alger, le 15 avril 1869.

Monsieur le Directeur,

Au mois de janvier de l'année dernière, votre conseil eut la bonté de voter pour les pauvres petits Arabes de mon diocèse, rendus orphelins par la famine, une somme de quinze mille francs. Ce fut la première aumône que je reçus pour cette œuvre, alors projetée seulement et qui a pris depuis des développements si considérables. Je ne savais encore comment je pourrais subvenir à cette charge qui s'annonçait si menaçante; mais cependant je n'hésitai pas un seul instant. Je consacrai ces premiers quinze mille francs que vous mettiez à ma disposition à louer, près d'Alger, aux RR. PP. Jésuites, la vaste propriété de Ben-Aknoun, et je commençai à recueillir tout ce qui se présenta d'enfants abandonnés, de veuves et de vieillards. Je pensai aussi entrer dans vos intentions en offrant à mes vénérables collègues NN. SS. les évêques d'Oran et de Constantine de recevoir dans cette maison, qui était la vôtre, quelques-uns des orphelins de leurs diocèses, et je leur proposai d'en élever quinze de chacune de leurs deux provinces. Mais ces deux prélats préférèrent ne pas expatrier leurs orphelins, et je ne reçus que ceux du diocèse d'Alger et quelques-uns de ma délégation apostolique du Sahara.

Vous savez, monsieur le Directeur, à quel nombre se monta bientôt ma famille adoptive. J'ai recueilli en huit mois dix-sept cent cinquante-trois orphelins.

Sur ces pauvres enfants, plus de sept cents sont morts de maladie et d'épuisement. Ils sont morts après avoir reçu le baptême des mains de nos bonnes sœurs, dont plusieurs, hélas! ont succombé elles-mêmes victimes de leur dévouement. Les autres orphelins survivent au nombre de plus de mille pour le diocèse d'Alger. Ils répondent de la manière la plus consolante, pour la plupart du moins, aux soins paternels qui leur sont donnés, et font l'objet de l'étonnement de tous ceux qui les voient.

Leurs sentiments de religion, de piété même, sentiments qui sont le propre d'une race qui serait si courageusement, si admirablement chrétienne, si jamais elle embrassait l'Évangile, éclatent à chaque instant. On ne peut voir prier les petites orphelines sans être ému jusqu'au fond de l'âme, et je ne vais pas une fois chez les petits garçons sans que de leur troupe turbulente ne s'élève une voix : « Père, le baptême! » Et tous reprennent en chœur : « Oui, Père, le baptême! le baptême!

— Pas encore, mes enfants, leur dis-je; lorsque vous serez plus grands, bien sages, bien instruits, alors je vous le donnerai.

— Mais nous sommes sages à présent : nous ne volons plus!

— Oui, mais vous ne connaissez pas la religion chrétienne, ajoutai-je une fois.

— Nous la connaissons.

— Pas assez bien; voyons, savez-vous combien il y a de sacrements? »

On ne le leur avait pas appris. Ils se regardèrent tout confus, et l'un d'eux, se tournant en colère vers le Frère de sa classe qui était là :

« Voilà, lui dit-il, tu ne nous as pas appris cela, et à présent tu es cause que nous ne serons pas chrétiens ! »

A ma visite suivante, les enfants se précipitèrent au-devant de moi, et l'un d'eux me dit tout triomphant :

« A présent nous savons combien il y a de sacrements. Il y en a sept. Tu vas nous donner le baptême, n'est-ce pas ? »

Pas plus tard qu'hier, à l'orphelinat des filles, j'interrogeais une enfant.

« Que veux-tu être, lui disais-je, quand tu seras grande ?

— Je veux être Sœur.

— Et moi aussi, et moi aussi, se mirent à crier au moins dix ou douze autres.

— Qu'en pensez-vous ? ma Sœur, dis-je à la supérieure.

— Je pense qu'elles parlent du fond du cœur et qu'elles ne nous quitteront plus si elles sont libres. »

Voilà, monsieur le Directeur, l'œuvre que vous avez commencée.

Lorsque je me présentai à vous, lorsque j'entretins votre conseil de mes projets, de mes désirs, je n'avais aucune ressource. Votre charitable vote m'a donné un toit pour recevoir et abriter mes enfants d'adoption. J'ose espérer que vous voudrez bien continuer *votre* œuvre. Vos aumônes, celles de vos associés nous sont nécessaires pour la soutenir d'une manière durable. Sans doute dans ces premiers temps, et pour couvrir les effrayantes dépenses que nous a occasionnées le premier établissement de nos œuvres, nous avons pu faire un appel extraordinaire à la charité catholique et française. Et cet appel, il faut bien que je le dise encore, je n'en avais pas de moi-même la pensée. Vous vous en souviendrez sans doute, c'est dans cette séance de votre conseil à laquelle vous avez bien voulu m'admettre que l'idée m'en a été suggérée pour la première fois par un de vos excellents collègues.

Je l'ai suivie, et pendant que votre vote me donnait sur l'arbre de la charité le nid de mes petits oiseaux, en me permettant de leur ouvrir une demeure, vos conseils me fournissaient le moyen de trouver pour eux la pâture dont parle le poëte, et que Dieu leur a envoyée, c'est-à-dire le pain, le vêtement, l'éducation, tout ce qui les a conservés et transformés.

Vous voilà donc engagé d'honneur à ne pas nous abandonner, puisque nous sommes, je le répète, vraiment *votre* œuvre.

Je sais bien que vous m'avez fait une objection. Vous m'avez dit l'année dernière : « Alger n'est pas un pays de mission, et notre œuvre, dans l'intention de ses associés, doit donner aux missions. »

Je ne sais si je me trompe, mais il me semble qu'aujourd'hui l'objection doit être tombée. Nous sommes *mission* autant que n'importe quelle mission du monde, et nous avons peut-être par surcroît des difficultés que les missionnaires n'ont pas. Et si j'en juge par les ardentes sympathies dont je reçois l'expression, si vous mettiez notre cause aux voix, en ce temps de suffrage universel, je ne doute pas qu'en France elle ne fût gagnée, et que vos pieux associés ne consentissent à nous donner une plus large part encore dans leurs offrandes, pour sauver de la mort du corps et de celle de l'âme nos chers petits infidèles.

5.

D'ailleurs, et c'est ici une seconde demande que je vous adresse, le Saint-Siége vient, comme vous le savez, de créer une immense délégation apostolique qui comprend le Sahara et le nord du Soudan, c'est-à-dire des pays grands comme la moitié de l'Europe, et il a daigné m'en confier la direction. Devant cette mission nouvelle, le diocèse d'Alger, l'Algérie tout entière elle-même disparaissent ou, pour mieux dire, ne sont plus qu'une porte ouverte par la miséricorde de Dieu pour pénétrer dans le centre de l'Afrique. Or là, dans ces régions si peu connues, dont une portion a été chrétienne, dont le reste est plongé dans la barbarie, l'esclavage règne encore avec toutes ses cruautés et ses horreurs. Les enfants y sont vendus à l'encan, et je voudrais, si je le pouvais, les soustraire aux mauvais traitements et peut-être à la mort, en les faisant élever en Algérie et en les renvoyant ensuite dans leur pays avec nos missionnaires, dont la société est déjà formée. Rien ne serait plus facile.

Il ne nous manque qu'une seule chose : de l'argent pour couvrir les frais de l'éducation de ces enfants, qui seraient libres naturellement dès qu'ils seraient entre nos mains, et qui, bientôt formés, élevés par nous, seraient des missionnaires pour leur peuple, des missionnaires de travail, de civilisation, de vertu, et surtout de foi chrétienne.

Vous comprenez bien que nous commencerions sur une petite échelle, par un petit nombre d'enfants seulement, une centaine au plus, pour éviter le bruit et les embarras qu'il attire. J'ai déjà dans mes orphelinats quelques enfants du Sahara et même un petit nègre du Soudan.

« D'où es-tu? lui demande-t-on.

— De Tombouctou ! » répond-il avec une fierté qui semble dire qu'il n'y a rien au-dessus de la capitale du Soudan.

Voilà certes, monsieur le Directeur, l'œuvre propre de la Sainte-Enfance. Sauver la vie de ces pauvres enfants, les élever, les rendre chrétiens, en faire des missionnaires pour l'intérieur de cette grande et pauvre Afrique, la plus abandonnée, la plus malheureuse des cinq parties du monde ; se servir pour cela des ressources providentielles préparées ici dans le diocèse d'Alger ; suivre ainsi évidemment les desseins de la bonté de Dieu dans notre conquête africaine ; exécuter ce que désire, ce qu'impose à ma faiblesse et à celle de mes collaborateurs le Vicaire même de Jésus-Christ, tel est le programme que je vous soumets humblement.

Si vous le voulez, il s'exécutera. Tout est prêt : les cœurs et les bras de nos missionnaires, de nos Frères, de nos Sœurs. Vous seul pouvez nous donner ce qui nous manque : les ressources matérielles et le secours d'en haut que Dieu accorde à la prière. Je viens donc les solliciter avec confiance, et par votre entremise les solliciter de votre conseil, au moment où vous allez voter la répartition de vos fonds.

Veuillez agréer, monsieur le Directeur, l'expression de mes sentiments les plus respectueusement dévoués et reconnaissants.

† CHARLES, archevêque d'Alger,
délégué apostolique du Sahara.

VII

LETTRE A M. LE RÉDACTEUR DU JOURNAL DE BRUXELLES, RELATIVE AUX SECOURS ACCORDÉS EN BELGIQUE AUX ŒUVRES DU DIOCÈSE D'ALGER.

Alger, le 10 mai 1869.

MONSIEUR LE RÉDACTEUR,

Au moment où les deux prêtres de mon diocèse, envoyés de ma pauvreté, vont quitter la Belgique pour reprendre le chemin de l'Algérie, je me sens pressé d'exprimer ma profonde reconnaissance à tous ceux qui les ont accueillis avec tant de charité.

NN. SS. les évêques, malgré les charges énormes qui pèsent sur leurs administrations diocésaines, ont daigné faire aux avocats de nos pauvres orphelins une part dans des ressources insuffisantes pour eux-mêmes : le clergé séculier et régulier les a reçus et traités comme des frères, les fidèles comme les messagers de la bonne nouvelle sur ces plages lointaines, autrefois si florissantes, aujourd'hui si désolées.

Voilà ce que dans chacune de leurs lettres me disaient M. l'abbé Pavy, le neveu de mon illustre prédécesseur, et M. l'abbé Nicolet, le pieux et zélé compagnon de ses travaux.

Ils m'ont dit aussi, monsieur le Rédacteur, l'accueil que la cause dont je suis l'humble défenseur a trouvé auprès de la presse catholique de votre pays, et en particulier auprès de vous. Cette cause, bénie, encouragée, consacrée par les solennelles approbations du

Saint-Siége et de l'épiscopat, vous l'avez hautement aidée, soutenue par vos sympathies.

Cela ne pouvait m'étonner de la part du courageux et éloquent organe des intérêts catholiques dans votre pays, mais je n'en ai pas été moins touché de votre appui fraternel.

Permettez-moi de vous en remercier de cœur, et, si je l'osais, j'emploierais encore la voie de votre excellent journal pour remercier publiquement NN. SS. les évêques, le clergé et les catholiques belges de leur charité généreuse.

Parler de la charité de la Belgique, de son dévouement aux œuvres de foi, c'est vraiment chose superflue, tant sa réputation à cet égard est établie dans le monde chrétien. Mais pour moi, pour mes pauvres petits orphelins, c'est un bonheur et un devoir de proclamer bien haut que nous avons reçu d'elle une portion de notre pain de chaque jour et un moyen nouveau de faire briller ici la douce lumière d'une religion de charité et de paix.

Ce témoignage d'un évêque missionnaire est bien peu de chose, et ses prières sont bien pauvres; mais, quelque faible que soit leur valeur, il se croirait coupable s'il ne payait à votre chrétienne et noble patrie ce tribut de sa gratitude devant les hommes et devant Dieu.

J'ai la confiance que vos bienfaits ne seront pas perdus. Mes nombreux enfants d'adoption y trouveront des ressources nouvelles pour continuer ce que nos soins paternels et la grâce de Dieu ont commencé en eux, et aussi un motif puissant de vous aimer.

Deux d'entre eux ont visité la Belgique avec les prêtres de mon diocèse. Ils m'écrivent dans leur naïf langage d'enfants : « *Père, la Belgique est bien bonne, bien bonne pour vos petits orphelins arabes.* »

Tous mes enfants n'iront pas parmi vous, mais ici je leur apprendrai du moins que la *Belgique est bonne;* je leur dirai de prier Dieu pour elle, pour qu'elle reste toujours catholique, charitable, heureuse. Et Dieu, qui écoute la prière des petits et des pauvres, écoutera nos petits orphelins.

Veuillez agréer, monsieur le Rédacteur, l'expression de mes sentiments les plus distingués et les plus dévoués en Notre-Seigneur.

† CHARLES, *archevêque d'Alger,*
délégué apostolique du Sahara et du Soudan.

VIII

LETTRE A MM. LES PRÉSIDENT ET MEMBRES DES CONSEILS DE L'ŒUVRE DE LA PROPAGATION DE LA FOI SUR LA MISSION DU SAHARA.

MESSIEURS,

Vous connaissez déjà la création, faite récemment par le Saint-Siége, de deux missions nouvelles. L'une s'étend au sud de la Tripolitaine et à l'ouest de l'Égypte, et comprend le Sahara oriental. Elle est confiée à Mgr le vicaire apostolique d'Alexandrie, qui a dû, si je ne me trompe, recourir à votre charité et à celle de vos associés pour l'envoi dans le Fezzan, au centre même du Sahara, d'une première avant-garde de missionnaires. L'autre comprend les contrées qui s'étendent entre l'océan Atlantique, à l'ouest; le Maroc, l'Algérie et la Tunisie, au nord; le Fezzan, à l'est; le Sénégal et la Guinée, au sud. C'est la mission du Sahara occidental et du Soudan ou pays des nègres.

Par un sentiment de délicatesse que tout le monde saura apprécier, le Souverain Pontife a voulu que ces vastes régions, situées sur les confins de nos deux grandes possessions africaines, fussent confiées à un évêque français. Est-ce une prophétie des conquêtes futures de la France dans ces pays encore si peu connus et plongés la plupart, malgré leurs richesses, dans une si profonde barbarie? C'est le secret de Dieu. Mais je ne puis me défendre de penser que la Providence ne nous a établis sur cette terre d'Afrique que pour nous faire, une fois de plus, les missionnaires de la civilisation et de la foi chrétiennes. Je ne puis m'empêcher de considérer nos colonies d'Algérie et du Sénégal comme les deux grandes portes que la miséricorde divine a ouvertes, pour tant de peuples, à la charité et à la vérité catholiques, qui seules peuvent, peu à peu, en faire des hommes en en faisant des chrétiens.

Quoi qu'il en soit de l'époque où se réaliseront ces espérances, le Vicaire de Jésus-Christ a daigné me choisir pour en préparer, dans la faible mesure de mes forces, la réalisation. Je sais que la nouvelle de la création de cette délégation apostolique a réjoui les cœurs chrétiens. Ils se rappellent les chers et glorieux souvenirs qui se rattachent à ces vastes régions tombées dans les ombres de la mort, et ils demandent pour elles le pardon et la paix.

Aujourd'hui, messieurs, je me bornerai à vous donner quelques détails qui vous intéresseront, je l'espère, sur l'une des portions les plus considérables de ma délégation. Je veux parler du Sahara et des peuples qui l'habitent. Dans une prochaine lettre, je vous entretiendrai, si vous me le permettez, du Soudan, de ses nègres et aussi des œuvres que nous nous proposons d'entreprendre en faveur de ce dernier pays.

Au sud de l'Algérie et des autres États barbaresques qui longent la Méditerranée, s'étend, entre le 35ᵉ et le 15ᵉ degré de longitude, une mer de sables, parsemée d'oasis plus ou moins considérables, jetées comme des îles, comme une sorte d'Océanie terrestre au milieu de cette immensité.

C'est ce vaste pays que les anciens appelaient la Libye intérieure, l'Éthiopie intérieure, que nous nommons aujourd'hui le Sahara. Il a pour limites à l'ouest l'Océan, à l'est l'Égypte, et mesure par conséquent environ 40 degrés de longitude.

Aux temps les plus reculés, ce désert (ou du moins ses parties habitables) comptait une population nombreuse. L'historien égyptien Ptolémée n'énumère pas moins de cinquante nations ou tribus diverses, les unes blanches, les autres noires, qui habitaient de son temps ces lointains pays. Les Romains, à l'époque de leur établissement dans la Numidie et la Mauritanie, poussèrent leurs avant-postes bien au delà des frontières actuelles de la domination française, et l'on y trouve encore en beaucoup d'endroits, après de longues journées de marche à travers les sables, l'empreinte de leur génie de domination, de civilisation et de conquête.

Dès le deuxième siècle de notre ère, les apôtres du christianisme les avaient dépassés dans les étapes de leurs victoires; et, après avoir fondé les grandes Églises du littoral, Carthage, Julia-Cæsarea, Hippone, et plus de six cents autres évêchés, ils avaient porté le nom et le règne de Jésus-Christ jusque dans le désert. Ouergla, Rat-Ghadamès et d'autres villes encore étaient, dans le siècle de saint Augustin, des villes épiscopales.

Mais les progrès de l'apostolat furent bientôt arrêtés par les invasions des barbares. Les Vandales ariens dominèrent sur tout le nord de l'Afrique assez de temps pour couvrir ses champs de ruines et ses églises du sang des catholiques. A peine les empereurs de Constantinople avaient-ils rétabli leur pouvoir dans ces provinces infortunées, que les Arabes musulmans se précipitèrent sur elles, et alors commença la longue agonie de toute cette Afrique chrétienne, agonie cruelle, héroïque, trop peu connue, qui dura des siècles, au milieu de toutes les tortures de la persécution la plus raffinée.

Un nombre immense de familles furent transportées de force dans le fond de l'Arabie. Tout le reste fut obligé d'abandonner aux musulmans vainqueurs les plaines et les vallées, et de se réfugier, pour éviter la mort, dans les gorges les plus incultes des montagnes du littoral et de l'Atlas, ou au delà des dunes de sables, dans les oasis du désert.

Dans les montagnes du littoral, ces anciens maîtres de l'Afrique prirent peu à peu le nom de Kabyles; dans les oasis du désert, ils se nommèrent Mzabites et Touaregs; mais les uns et les autres conservèrent leur langue nationale (le berbère), leurs traditions civiles, et, durant des siècles entiers, leur religion.

Il est certain, en effet, que les Kabyles avaient encore des évêques au onzième siècle. L'un d'eux fut même sacré à Rome par le pape saint Grégoire VII, qui l'y avait appelé dans ce but. Il se nommait de son nom latin Servandus. Quelques années auparavant, le pape saint Léon IX se plaignait, dans une de ses lettres, que cette ancienne portion de l'Afrique chrétienne, qui avait autrefois compté tant de centaines d'évêques, n'en eût plus alors que cinq. Depuis ce temps, nous n'avons sur l'existence de l'Église dans ce pays que des notions confuses. Nous savons seulement que, entourés de musulmans fanatiques, le plus souvent persécutés ouvertement par eux, les chrétiens indigènes perdirent successivement leurs évêques et leurs prêtres, et que, vaincus eux-mêmes par les menaces, entraînés par l'ignorance et par la séduction, ils embrassèrent insensiblement le mahométisme. Après le quatorzième siècle, il n'est plus fait mention, par aucun des historiens ou voyageurs arabes qui parlent de l'Afrique du Nord, de l'existence des chrétiens dans ce pays.

Néanmoins, on peut dire avec vérité que, si le christianisme a disparu du milieu des anciennes populations africaines conquises par le glaive des Arabes, il a laissé encore en elles des traces profondes, que reconnaissent aisément tous les esprits non prévenus.

Je ne m'occuperai pas ici des Berbères du littoral; je ne vous parlerai que de ceux du Sahara, les Beni-Mzab, nos voisins les plus proches, et les Touaregs du Nord, qui dominent sur la plus grande partie du pays.

Je ne dirai rien que je n'aie vérifié et contrôlé directement moi-même, soit auprès d'ecclésiastiques tout à fait dignes de foi, qui se sont trouvés en relations avec les habitants du Sahara, soit auprès de ses habitants eux-mêmes, lorsqu'il m'a été donné de pouvoir les entretenir.

Un fait général à noter tout d'abord, c'est que les Arabes ne regardent pas les Touaregs et les Mzabites comme de vrais musulmans. Ils appellent les premiers les « *abandonnés* » de Dieu (c'est ce que signifie le mot Touareg), parce qu'ils n'ont pas accepté de cœur et qu'ils ont souvent renié la foi musulmane; ils disent d'eux qu'ils n'ont pas de religion : « *ma andhoum-ed-din.* » Ils nomment les Mzabites *Cinquièmes* (Hamsi) (ce qui est devenu un terme des plus injurieux parmi les musulmans), pour indiquer qu'ils n'appartiennent à aucune des quatre sectes reconnues du mahométisme. La haine la plus vivace, la plus violente, existe du reste, comme cela est naturel, entre les Arabes et les Berbères, soit que ceux-ci habitent le désert, soit qu'ils aient cherché leur refuge et établi leur demeure sur les montagnes du littoral.

Et pour le dire en passant, ce serait d'une bonne politique pour la France en Algérie que de comprendre cette situation, et de se servir de cet antagonisme de race et de croyances pour s'appuyer sur la race berbère, à laquelle la rattachent tant de souvenirs encore reconnaissables, quoique souvent bien défigurés, de son ancienne foi. Et l'étonnement que cause un semblable oubli grandit encore lorsqu'on sait qu'un quart à peine de la population indigène de l'Algérie appartient à la race arabe proprement dite, et que tout le reste est d'origine berbère.

L'une des traces de ces différences religieuses, encore visibles aujourd'hui dans les mœurs des habitants du désert, est la fidélité avec laquelle ils suivent leurs traditions nationales en tout ce qui concerne la vie ordinaire. Ils n'ont point à cet égard adopté le Coran, qui est, comme on le sait, pour tous les autres musulmans, non-seulement le code religieux, mais encore le code civil. Ils ont un corps de loi distinct qu'ils nomment d'un nom significatif par son origine romaine, quoique l'étymologie en soit grecque, le canon, *Kanoun*.

Je ne parle pas de leur constitution politique et municipale. Elle garde aussi l'empreinte très-profonde et très-accusée de l'organisation romaine, avec cette particularité bien notable que, chez les Touaregs, la femme est apte à exercer le pouvoir politique, à la différence de ce qui se pratique ailleurs dans le monde musulman et en particulier chez les Arabes, où la femme n'est jamais en réalité qu'une esclave.

J'appuie également sur ce point, que les Berbères, soit du littoral, soit du désert, n'ont pas adopté la polygamie. Ils sont restés monogames. Et chez les Touaregs, indépendamment de la singularité politique

qui permet de conférer aux femmes la direction suprême de la tribu, la loi est que la femme marche en
tout l'égale de l'homme. Elle est même en général supérieure à l'homme sous le rapport de l'éducation.
Elle a une instruction plus développée; elle conserve
le visage découvert, même devant les étrangers, contrairement à la coutume des femmes musulmanes, qui
ne paraissent jamais que voilées. Elle s'asseoit à la
table de son mari; elle est entourée de son respect, de
celui de ses enfants, de celui de ses hôtes. En un mot,
selon la remarque d'un voyageur, elle occupe dans
cette société barbare la place que la châtelaine chrétienne occupait dans notre société du moyen âge.

Cette condition d'honneur faite à la femme est, pour
qui connaît l'Orient, vraiment caractéristique. Il est
évident que le christianisme a passé par là et y a laissé
son empreinte. Cette empreinte, on la rencontre également dans des détails que j'appellerai matériels, parce
que l'esprit a cessé presque toujours de les vivifier
pour ceux mêmes qui les conservent.

On sait, par exemple, l'horreur que les musulmans
ont pour la croix. Ils évitent soigneusement d'en re-
produire le signe, dans leurs édifices, dans les ornements qu'ils y ajoutent ou dans ceux dont ils entourent
leur corps. Eh bien, chez les Touaregs, c'est tout le
contraire. Voici ce qu'en dit un jeune voyageur, le
dernier qui ait parcouru ces régions, sous les auspices
et avec une mission du gouvernement français, M. Du-
veyrier, qu'on ne peut certes pas accuser d'écrire sous
l'empire de préoccupations religieuses : « La croix se
» trouve partout (chez les Touaregs), dans leur alpha-
» bet, sur leurs armes, sur leurs boucliers, dans les
» ornements de leurs vêtements. Le seul tatouage qu'ils

» portent sur le front, sur le dos de la main, est une
» croix à quatre branches égales ; le pommeau de leurs
» selles, la poignée de leurs sabres, de leurs poignards
» sont en croix. »

On a observé souvent les mêmes signes chez les
Berbères du littoral, et il ne faudrait pas conclure de
ce que j'ai dit plus haut que le sens en est complète-
ment perdu. Non, beaucoup de Berbères en ont parfaitement l'intelligence.

« Que portes-tu inscrit sur ton front et sur ta main ?
demandait récemment à un Kabyle un saint religieux
de mon diocèse.

— C'est, répondit le Kabyle sans hésiter, c'est le
signe de l'ancienne voie.

— De quelle voie veux-tu parler ?

— De celle que suivaient autrefois nos pères.

— Mais pourquoi l'a-t-on gravé sur ton front ?

— Parce que c'est un signe de bonheur.

— Et pourquoi ne suis-tu pas la voie de tes pères,
puisque c'est la voie du bonheur ?

— Moi, non ! dit-il en secouant la tête. Je suis né
musulman et je mourrai musulman ; mais mes fils
mourront chrétiens, comme leurs ancêtres, et mes pe-
tits-fils naîtront chrétiens. »

Autre détail qui pourra faire sourire, parce qu'il
semblera minutieux, mais qui, pour les voyageurs en
pays musulman, a une réelle importance. Les Arabes
ont horreur de la cloche autant que de la croix. Ils
l'ont impitoyablement bannie non-seulement de leur
culte, mais encore de tous les usages de la vie civile,
comme ayant une sorte de cachet chrétien. Les Touaregs seuls les ont conservées, et ils chargent de clo-
chettes les selles de leurs chameaux.

Enfin plusieurs de leurs croyances, de leurs pratiques religieuses, profondément différentes de celles qu'enseigne ou prescrit le Coran, me paraissent de nature à éclairer complétement cette question de leurs origines chrétiennes.

Ainsi, Dieu, qui dans leur langue se nomme *Amanaï* ou *Adanaï* (c'est évidemment l'*Adonaï* de nos saints Livres), habite le ciel, où, contrairement aux idées musulmanes qui n'en font qu'un lieu de plaisirs sensuels, il est entouré d'esprits bienheureux. Et ces esprits, les Touaregs les nomment *andgèlous*. C'est le nom des anges, absolument tel que la langue des habitants de l'Afrique romaine le prononçait, il y a douze siècles, à l'époque où les Berbères étaient chrétiens.

Dans certaines régions du désert, chez les Mzabites, les traditions se sont conservées avec plus de netteté peut-être encore relativement au christianisme.

Il y a quelques semaines, un de MM. les professeurs de mon grand séminaire, très-versé dans la langue arabe et parfaitement au courant des usages du pays, voyageait dans le sud de l'Algérie avec deux personnages distingués de cette nation.

« Avez-vous, leur demandait-il, d'autres livres religieux que le Coran?

— Oui, nous avons nos livres à nous.

— Et que disent vos livres particuliers? Parlent-ils de Mahomet?

— Non, ils n'en parlent pas.

— Que disent-ils donc?

— *Ils disent qu'il faut honorer Jésus, fils de Marie!* »

Singulière réponse, mais dont on aurait tórt de conclure cependant que les Mzabites sont encore chrétiens. Ils sont musulmans à l'extérieur, et ils se disent tels. Au fond, ils mêlent ensemble les vérités, les erreurs, les superstitions et les traditions les plus diverses, et ils y sont attachés jusqu'au fanatisme; mais ce qu'il faut admettre forcément, c'est que leurs ancêtres, de qui ils tiennent ces livres qui leur ordonnent d'honorer Jésus, fils de Marie, ont été chrétiens; c'est qu'ils n'ont embrassé le mahométisme que sous l'empire de la force; c'est qu'il y aura là, un jour, d'anciens souvenirs à réveiller, à cultiver, dans le triple intérêt de la foi, de la civilisation et de la France.

Veut-on une preuve de cette origine chrétienne, encore plus manifeste peut-être? Je la trouve dans une pratique évidemment empruntée à la discipline de l'Église primitive, et qui n'est autre chose que la confession, la pénitence et l'absolution publiques transportées dans le mahométisme, qui les ignore partout ailleurs.

C'est un fait incontestable que la confession existe parmi les Mzabites du Sahara.

« Comment fais-tu, lorsque tu as commis quelque chose de mal, pour en obtenir le pardon de Dieu? demandait à ses deux interlocuteurs mzabites le professeur de mon grand séminaire de qui j'ai parlé plus haut.

— Je vais trouver un *taleb* (un lettré) ou un marabout, répondit l'un d'eux, je lui dis ce que j'ai fait, il prie pour moi et Dieu me pardonne. »

Mais voici, à cet égard, une lettre fort curieuse qu'adressait à mon vénérable prédécesseur sur le siége d'Alger, Mgr Pavy, un ecclésiastique, alors curé de Laghouat, à l'extrémité sud de nos possessions algériennes. Vos associés la liront, je n'en doute pas, avec un pieux intérêt :

« Si cette lettre ne devait pas dépasser les bornes

» ordinaires, je vous ferais voir, à cinq journées au
» delà de Laghouat, dans la confédération du Mzab,
» les prêtres gouvernant le peuple comme au temps
» de la primitive Église, la confession publique en
» vigueur, et le chef de la prière faisant, du haut de
» la chaire, descendre le pardon sur le pécheur repen-
» tant qui s'accuse au milieu de ses frères; vestiges
» d'un christianisme évanoui, mais qui peut revivre.

» Pourtant je ne puis résister au désir d'exprimer à
» Votre Grandeur, aussi brièvement que possible, ce
» qui donne lieu à l'étrange cérémonie de la confession
» et de l'absolution publiques chez les Mzabites, et de
» quelle manière elles se pratiquent.

» Vous le savez, presque tous les hommes de cette
» confédération se livrent au négoce. Forcés par les
» exigences de leur commerce de sortir de leur pays,
» chaque année ils se répandent en grand nombre dans
» les villes du littoral. On les rencontre aussi avec les
» juifs, dans les ksours de l'intérieur où les Français
» n'ont pas formé d'établissement fixe. Mais, dans leurs
» pérégrinations, quelque part qu'ils aillent, leurs ma-
» rabouts ne les perdent pas de vue et se font exacte-
» ment renseigner sur leurs faits et gestes par quelques
» dévots fanatiques.

» Les Mzabites, qui, comme peuple, se placent infini-
» ment au-dessus des Arabes qu'ils méprisent, pour
» mieux prouver encore leur orgueilleuse supériorité
» sur l'indigène, affectent, dans la pratique des obser-
» vances de la loi religieuse, une sévérité qui va jus-
» qu'à la rudesse. Ainsi, l'Arabe fume parfois, il prend
» volontiers du café, etc.; le Mzabite, musulman plus
» austère, au moins dans sa vie publique, ne doit se
» permettre aucune de ces délicatesses, sous peine de

» péché (*h'arem*). Appelé par ses affaires loin des villes
» de la confédération, un Mzabite, que la distance qui
» le sépare de son pays et de ses marabouts rend plus
» audacieux ou moins vigilant, s'émancipe quelquefois,
» au grand scandale de ses frères plus réservés ; on le
» voit se dédommager sans vergogne des longues pri-
» vations imposées par la crainte à ses penchants
» vicieux, fumer voluptueusement d'interminables pipes
» et absorber des torrents de café. Horreur ! souvent
» même il mélange de kif son tabac et boit du vin
» maudit !... Mais c'est en vain qu'il donne des coups
» de pied à la loi et qu'il s'insurge contre les prescrip-
» tions qui lui sont devenues odieuses, ce fils du diable
» n'échappera point au châtiment : le marabout l'attend
» au retour, et alors, gare au prévaricateur !

» Je l'ai déjà dit, le marabout est exactement informé
» par ses fidèles des fautes commises en dehors de sa
» juridiction par quelque *paroissien* peu scrupuleux, et
» il en prend note.

» Ses marchandises écoulées, sa provision de grain
» faite — car on n'en récolte pas dans le pays — le
» Mzabite traverse de nouveau le Sahara algérien, et
» rentre pour un temps au sein de sa famille. A peine
» a-t-il quitté les parages où il exerçait son commerce,
» que ses mauvaises habitudes cessent par enchante-
» ment : plus de tabac, plus de café, plus de joyeux
» propos, plus de criminelles folies ; il est subitement
» redevenu le musulman sévère des anciens jours, c'est-
» à-dire grave comme une statue, froid comme le
» marbre, impassible en apparence comme le destin.
» Il fait régulièrement ses ablutions, personne ne pro-
» nonce avec une componction plus attendrissante le
» nom vénéré d'Allah, et, le premier à l'heure de la

» prière, il marche recueilli vers la mosquée; enfin il
» a toutes les allures d'un petit saint. Qu'il joue là un
» rôle hypocrite, ce qui est probable, ou qu'il soit sin-
» cèrement converti, ce qui est chanceux, le zèle ardent
» qu'il déploie ne le sauvera pas. Le marabout, qui
» connaît son monde, se montre en général fort peu
» sensible à toutes ces démonstrations. Cet homme a
» péché, et son péché mérite punition; telle est la loi,
» peu lui importe le reste, il fera son devoir.

» Le cri du *mouzzen*[1] a retenti au-dessus de la ville;
» tous les vrais croyants, répondant à son appel, sont
» réunis dans la nef de la mosquée et vont commencer le
» *sallih* (la prière). Mais l'œil perçant du marabout qui
» le préside a bien vite découvert le Mzabite coupable,
» perdu dans la foule de ses frères, et pour lui l'heure
» de la justice a sonné. D'une voix tonnante, le prêtre
» l'interpelle : — Un tel, s'écrie-t-il, tu n'es pas digne
» de prier avec les autres, va-t'en. En d'autres termes,
» n'est-ce pas la parole de saint Paul aux fidèles de Co-
» rinthe : *Tollatur de medio vestrum qui hoc opus fecit*[2]?

» Le Mzabite, foudroyé par ces mots terribles, s'ar-
» rache lentement du milieu de ses frères silencieux,
» et va se placer dans la plus humble posture contre
» un des piliers de la nef. Il ne se plaint pas, ne mur-
» mure pas : c'est la loi, il s'y soumet. D'ailleurs, s'il
» essayait de s'y soustraire, il sait bien qu'il causerait
» un effroyable scandale, et que tous les hommes de
» l'assemblée se réuniraient à ses proches pour le mau-
» dire.

» La prière commence ensuite, et, tandis que ses

[1] Celui qui convoque, du haut du minaret de chaque mosquée, les
musulmans à la prière.
[2] I *Cor.*, v, 2.

» coreligionnaires chantent ou récitent avec le flegme
» qui les distingue les formules du livre sacré, l'excom-
» munié, honteusement relégué près de son pilier, in-
» voque, en poussant de lamentables gémissements, la
» miséricorde de son juge : Pardon! pardon! (*smah'li!*)
» Mais le marabout fait la sourde oreille. Et cinq fois
» par jour, quelquefois durant trois semaines, plus ou
» moins, selon la gravité de sa faute, le pénitent con-
» tinue ainsi sans succès à jeter le même cri.

» Enfin, lorsque le prêtre pense que l'expiation a été
» assez longue, que le coupable, ramené à de meilleurs
» sentiments par cette humiliation publique, ne recom-
» mencera plus, il feint alors de l'entendre pour la pre-
» mière fois, et l'interpellant directement :

» — Que demandes-tu? dit-il.

» — Je demande le pardon, répond le Mzabite.

» — Pourquoi? reprend le marabout.

» — Parce que j'ai péché.

» — Qu'as-tu fait? — Voici le moment de la confession.

» — J'ai fumé du tabac ou du kif, répond humble-
» ment le coupable, j'ai pris du café, j'ai bu du vin,
» j'ai mangé de la cuisine des infidèles, etc.

» Il s'accuse enfin de toutes les fautes extérieures
» qui passent pour graves dans l'esprit rigide de ces
» musulmans, et il termine par son cri habituel :

» — Pardon!

» Le marabout se recueille un instant; puis, d'une
» voix imposante et solennelle, il prononce la formule
» d'absolution :

» — Je te pardonne; que Dieu te pardonne!

» Ainsi se termine la pénitence du coupable. A par-

» tir de ce moment, il reprend sa place au milieu de
» ses frères et peut désormais prier avec eux. »

Je pourrais ajouter d'autres détails du même genre,
extraits d'un petit travail fort intéressant, publié par
l'auteur de la lettre que je viens de citer, sur l'assimilation des Arabes et sur les Touaregs; mais je
me bornerai à ce que je viens de dire, afin de ne pas
donner à cette première lettre les proportions d'un volume.

Qu'il me suffise d'ajouter ceci : la pensée de fonder dans le Sahara une mission catholique, d'y établir
de proche en proche des stations qui s'avanceront à la
fois vers le Sénégal et vers le Soudan, de porter ainsi
les lumières de l'Évangile et celles de la civilisation
jusqu'au centre de l'Afrique, de relever de son abaisse-
ment séculaire l'ancienne race indigène, depuis longtemps courbée sous le joug d'une infime minorité con-
quérante; cette pensée était digne du grand cœur de
Pie IX. Je ne doute pas qu'elle ne trouve un écho puissant dans une foule d'âmes généreuses; je ne doute pas
que les difficultés mêmes d'une telle entreprise et les
immenses résultats qui suivraient son succès, non-seulement au point de vue de la foi, mais encore au point
de vue de la civilisation et de la France, ne suscitent
dans l'avenir, pour ces régions désolées, de nombreux
apôtres.

Déjà les Pères de la Compagnie de Jésus m'ont promis leur concours.

Déjà un séminaire spécial est ouvert, sous leur
direction, pour former de futurs missionnaires [1]. Il
reçoit des prêtres qui se consacreront à la mission,

[1] La lettre suivante, adressée à quelques supérieurs de séminaires,
donne des détails sur ce séminaire de la mission.

comme ceux du séminaire des Missions étrangères de Paris, sans être liés par des vœux, et aussi des laïques qui, sous le nom de Frères, accompagneront les missionnaires et exerceront auprès des indigènes tous les offices de la charité : soin des malades, visite des pauvres, direction meilleure pour tout ce qui concerne les nécessités matérielles de leur vie.

La préparation terminée, les missionnaires partiront et iront se perdre dans le désert, embrassant absolument le genre de vie des indigènes, costume, langue, nourriture, se faisant tout à tous, pour les gagner tous à Jésus-Christ.

Mais je parle ici d'un lointain avenir. Pour le moment, nous ne pouvons former que des vœux et des espérances. Ces espérances, je les résume dans la parole de l'Évangile qui est la devise de votre œuvre : *Messis quidem multa, operarii autem pauci. Rogate ergo Dominum messis, ut mittat operarios in messem suam.*

Veuillez agréer, messieurs, l'expression de mes sentiments les plus dévoués en N. S.

† Charles, *archevêque d'Alger,*

délégué apostolique pour la mission du Sahara et du Soudan.

IX

LETTRE A UN SUPÉRIEUR DE GRAND SÉMINAIRE RELATIVEMENT A LA FORMATION D'UNE SOCIÉTÉ DE MISSIONNAIRES POUR LE SAHARA ET L'AFRIQUE CENTRALE.

Alger, le 10 mai 1869.

MONSIEUR LE SUPÉRIEUR,

Je prends la liberté de venir vous entretenir d'une œuvre nouvelle qui s'est fondée dans mon diocèse et qui est destinée à fournir des missionnaires aux contrées de l'Afrique du Nord situées en dehors de la domination française.

Il est triste de penser et de reconnaître que, depuis douze cents ans qu'il s'est établi, le mahométisme a opposé à l'apostolat catholique des barrières presque insurmontables. Aucune des missions fondées dans les contrées où règne la religion musulmane n'a produit de résultats appréciables; aucune nation, aucune fraction de nation n'a été ni convertie ni même ébranlée dans ses erreurs par nos missionnaires.

Et cependant près de deux cents millions de créatures humaines ont été courbées par la force sous le joug du Coran. Et, chose triste à dire, le mahométisme, qui semble prêt à s'effondrer en Europe avec le trône des sultans, *continue ses progrès et ses conquêtes aux portes de nos possessions africaines.*

DEPUIS LE COMMENCEMENT DE CE SIÈCLE, PRÈS DE CINQUANTE MILLIONS D'HOMMES ONT EMBRASSÉ L'ISLAMISME dans la zone qui confine au désert du Sahara et s'étend au sud dans le Soudan.

Les chefs des tribus guerrières campées sur la frontière des pays des nègres les ont envahis, et après s'en être rendus maîtres, les ont contraints par la force, selon leur loi religieuse, à adopter leurs croyances.

Ce sont là des malheurs considérables au double point de vue des progrès futurs de l'Évangile et de ceux de la civilisation dans le nord et le centre de l'Afrique. Il est d'expérience en effet que nos missionnaires trouvent d'ordinaire auprès des idolâtres, comme l'étaient généralement les peuplades dont je viens de parler, un accueil facile, et que la corruption obstinée et la demi-lumière du mahométisme au contraire semblent défier tous leurs efforts.

Ces considérations diverses ont décidé notre Saint-Père le Pape Pie IX à créer une nouvelle délégation apostolique qui comprend les pays situés entre les régences barbaresques, les hauts plateaux de l'Afrique centrale, l'Océan et l'Égypte. Sa Sainteté a daigné me choisir, malgré ma faiblesse, pour fonder et diriger cette mission naissante.

En même temps que Dieu m'imposait, par la voix de son Vicaire, cette charge nouvelle, il préparait et me donnait les premiers moyens de la porter.

Plusieurs ecclésiastiques zélés de divers diocèses de France, comprenant la grandeur et l'utilité de la pensée conçue par le Souverain Pontife, se sont mis à ma disposition, et ont jeté, sous mon autorité et ma direction, les fondements d'une société qui se consacre exclusivement aux missions parmi les Arabes musulmans de l'Afrique en dehors des possessions françaises.

Cette petite société, dont le centre est le séminaire où

le noviciat a été établi il y a bientôt un an près d'Alger, sous la direction d'un Père de la Compagnie de Jésus mis temporairement à ma disposition par sa congrégation, adopte, pour assurer le succès de son œuvre difficile, des moyens qui n'ont pas été tentés jusqu'à ce jour, et que je crois appelés, avec la grâce de Dieu, à de bons résultats.

On a pensé que, l'orgueil des Arabes étant un des obstacles principaux qui s'opposent à ce qu'ils reçoivent la bonne nouvelle de l'Évangile par le ministère d'hommes qu'ils méprisent profondément, il fallait commencer par leur donner cette marque de condescendance de se rendre, pour ainsi dire, semblables à eux en adoptant *leur manière extérieure de vivre, leurs vêtements, leur nourriture, leur vie nomade, leur langue,* en se faisant, en un mot, *tout à tous* pour les gagner à Jésus-Christ.

C'est conformément à ces règles que le séminaire est dirigé. Déjà tous les ecclésiastiques qui le composent ont pris, après les trois premiers mois de postulat, l'habit arabe. C'est aussi un point de leur règle qu'ils ne parlent plus que cette langue. Ils couchent habillés et sur la dure; leur nourriture se rapproche de celle des indigènes, dont ils devront partager la vie. Tous les jours, à l'heure de leur récréation, ils pansent les plaies des Arabes malades qui se présentent à leur maison, et reçoivent en même temps des conseils sur la manière de traiter les maladies les plus dangereuses du pays. C'est une vie rude et mortifiée sans doute, mais elle a le double avantage d'immoler complétement la nature et d'éclairer sur une vocation qui, il ne faut pas se le dissimuler, est celle de l'abnégation la plus entière, et pour quelques-uns peut-être du martyre.

Du reste, Alger offre pour l'établissement d'une œuvre de ce genre des facilités exceptionnelles. On peut s'y acclimater dans des conditions essentiellement favorables, pendant le temps du noviciat, qui dure quinze mois, s'y former au genre de vie des Arabes et y apprendre leur langue.

Puis le noviciat étant fini et l'heure de la mission venue, il est facile de se mettre en relation, par Tunis ou Tripoli, avec les diverses peuplades du Sahara, et ensuite, de proche en proche, des pays voisins; de s'introduire dans les tribus du désert et du centre de l'Afrique, d'y acquérir même droit de cité comme médecin et comme homme de prière, deux titres qui attirent partout parmi les Arabes la considération et le respect.

Enfin, si les missionnaires s'établissent dans le centre, comme je l'espère, le sud de l'Algérie deviendra plus tard pour eux un asile où ils pourront constituer, dans un climat à peu près semblable, des établissements d'éducation chrétienne pour les enfants des missions intérieures qui leur auraient été librement confiés.

Ces enfants, élevés par l'Église, formés à ses vertus, instruits dans les arts manuels, retourneront ensuite dans leur pays et au milieu de leurs peuples respectifs pour y prêcher la foi et la civilisation par leurs exemples et par leurs paroles.

Ce serait, à proprement parler, comme on l'a dit, la régénération de l'Afrique par elle-même, le seul moyen vraiment efficace d'atteindre un but aussi désirable, à cause de l'insalubrité de la plupart de ces contrées, insalubrité qui a moissonné déjà sans profit tant de légions de missionnaires.

Tel est le but que se propose la société de prêtres

qui s'établit en ce moment dans mon diocèse. Elle n'est pas, je le répète, destinée à l'Algérie; elle a un but plus vaste, celui de travailler·à la conversion de tous les peuples musulmans dans ma délégation apostolique et dans l'Afrique. entière, en se mettant pour cela, comme le font les autres sociétés religieuses, à la disposition des évêques respectifs, là où des évêchés ou des vicariats apostoliques sont constitués.

Il n'est pas nécessaire d'ajouter ici et de faire remarquer quels services cette œuvre tout apostolique rendrait simultanément à la cause de la civilisation, à celle de la science, à celle de notre influence nationale.

Les régions qui s'étendent entre l'Arabie et le Sénégal sont, jusqu'à l'heure présente, complétement fermées à notre action. Y introduire un élément actif d'assimilation et de conquêtes morales; y établir, de distance en distance, des stations françaises par le moyen de nos missionnaires; avoir aussi le moyen d'être exactement renseigné sur les ressources, les besoins, les aspirations de ces contrées inconnues; rejoindre les grands marchés du centre de l'Afrique, c'est sans contredit étendre l'influence, la puissance de la France, en même temps que répandre les salutaires principes et les féconds enseignements de notre foi.

Ce résultat me paraît la consécration, la conséquence logique et providentielle de notre conquête algérienne, qui est vraiment, selon mes faibles vues, le début de la dernière croisade, croisade pacifique et civilisatrice qui doit achever son triomphe non plus par les armes, mais par la charité, par le dévouement, par l'héroïsme de l'apostolat, et assurer à la France catholique une prépondérance marquée dans les destinées de l'Afrique du Nord.

Ce qu'il me faut maintenant, monsieur le Supérieur, ce sont des hommes, des hommes animés de l'esprit apostolique, de courage, de foi, d'abnégation, qui viennent se joindre aux ouvriers de la première heure. Je n'ai à leur promettre, à la vérité, rien de ce que promet le monde, ni richesses, ni grandeurs, ni joies humaines; mais tout au contraire la pauvreté, l'abnégation, tous les hasards de pays presque inconnus et jusqu'ici inaccessibles, et peut-être au bout de tout cela une mort de martyr... Mais, vous le dirai-je? c'est précisément ce qui m'inspire la confiance que mon appel sera entendu. Notre-Seigneur ne disait pas autre chose que ce que je répète en son nom : *In mundo pressuram habebitis...* Et les apôtres l'ont suivi.

C'est donc afin de faire connaître l'existence de ce petit grain de sénevé qui, avec la grâce de Dieu, pourra devenir un jour un grand arbre où se reposeront les oiseaux du ciel, que je m'adresse à vous, monsieur le Supérieur, dans l'espérance que vous voudrez bien en parler à vos chers séminaristes qui manifesteraient du goût pour les missions et seraient incertains du lieu où se dirigeraient leurs pas.

La petite congrégation qui se forme est placée sous mon autorité, comme délégué apostolique, jusqu'au jour où le Saint-Siége jugera opportun de donner à la mission du Sahara et du Soudan une existence séparée.

C'est donc à moi que devraient s'adresser les ecclésiastiques qui désireraient s'y consacrer.

Nos futurs missionnaires se sont placés, comme nos deux nouvelles communautés agricoles, sous le vocable du vénérable martyr Geronimo, cet Arabe converti au christianisme que les musulmans d'Alger firent périr

en 1569, il y a justement trois siècles, en l'enfer-
mant vivant dans le mur de pisé d'un des forts de
leur ville.

C'est là qu'il a été retrouvé, sous l'épiscopat de
Mgr Pavy, mon éminent prédécesseur, afin de servir
tout à la fois d'exemple, d'encouragement et de pro-
tection, à ceux qui veulent se dévouer à la conversion
de son peuple.

Après quinze mois de noviciat, les missionnaires
sont admis à s'engager par des promesses ou des vœux
de simple dévotion, à leur choix : promesses ou vœux
d'obéissance, de pauvreté et de stabilité.

Ils prennent le costume et le genre de vie arabes à
la fin de leur postulat, qui est de trois mois et compte
dans les quinze mois du noviciat. S'ils n'ont pas terminé leur théologie, ils la reprennent après leur noviciat, avant de recevoir la prêtrise.

Ils n'iront jamais isolés dans leurs missions, à cause
des dangers de toutes sortes qu'ils pourraient courir;
ils seront toujours au moins par groupes de trois.

Voilà, monsieur le Supérieur, autant qu'il soit possible de le dire en peu de mots, l'ensemble de cette
œuvre nouvelle que, pour ma part, tout me fait considérer comme vraiment providentielle.

Est-ce trop présumer de votre charité que d'espérer
que vous et vos confrères voudrez bien, à l'occasion,
en parler autour de vous?

Dieu seul peut faire le reste; car ce qu'il faut d'abord,
c'est qu'il appelle et qu'il envoie. Il le fera si, comme
j'en ai la confiance, l'œuvre nouvelle est inspirée
par lui.

J'ose, monsieur le Supérieur, recommander tout spécialement à vos prières et à celles de vos confrères mes œuvres et moi-même, et je me dis, avec les sentiments les plus respectueux et les plus dévoués, votre humble et obéissant serviteur en N. S.

† CHARLES, *archevêque d'Alger,*
délégué apostolique du Sahara et du Soudan.

X.

LETTRE A MM. LES PRÉSIDENT ET MEMBRES DES CONSEILS DE L'OEUVRE DE LA PROPAGATION DE LA FOI, SUR LA CRÉATION DE DEUX COMMUNAUTÉS AGRICOLES DANS LE DIOCÈSE D'ALGER.

Alger, le 10 juin 1869.

MESSIEURS,

L'intérêt que vos pieux associés portent aux missions me décide à vous entretenir d'une œuvre qui se prépare dans mon diocèse, et qui, malgré l'humilité et la faiblesse de ses commencements, me semble appelée à rendre dans l'avenir, si Dieu, comme je l'espère, la bénit et la développe, les plus importants services à nos missions africaines, et peut-être à l'apostolat catholique tout entier.

J'ai longtemps hésité avant que de vous en entretenir, car le silence et le recueillement paraissent seuls devoir régner autour du berceau des œuvres chrétiennes; mais je me suis décidé à vous la faire connaître, en songeant que quelques âmes généreuses et cherchant un but digne d'elles pour l'exercice de leur dévouement pourraient le trouver ici.

Il se prépare donc à l'ombre de mon humble et pauvre Église à peine renaissante, et dans ce pays que la France a arraché, il n'y a pas quarante ans encore, au joug du mahométisme, deux communautés agricoles, l'une d'hommes, l'autre de femmes, exclusivement destinées à soutenir par le travail manuel, et surtout par le travail des champs, toutes les œuvres charitables des missions.

Principalement fondées pour les missions africaines,

7

elles se rendront néanmoins l'une et l'autre, lorsque le nombre de leurs membres et les circonstances le leur permettront, à l'appel de tous les vénérables chefs de missions des autres parties du monde qui leur en feraient la demande.

Elles se sont placées sous le vocable du vénérable martyr arabe Geronimo; dont le Saint-Siége instruit en ce moment le procès de canonisation, et se nomment les *Frères*, les *Sœurs du vénérable Geronimo*.

J'espère que ce nom, qui est celui d'un infidèle devenu martyr presque en même temps que chrétien, leur portera bonheur, et excitera leur zèle dans l'accomplissement des œuvres de foi et de charité auxquelles elles sont destinées.

Je n'ai pas besoin de m'étendre sur les motifs qui ont fait choisir Alger pour centre de cette œuvre, qui peut avoir plus tard un caractère plus général et plus vaste. Ici les terres sont plus abondantes qu'en France, la séparation mieux préparée, et l'acclimatation plus facile à graduer.

Mais il faut que je vous dise comment ces deux fondations nouvelles doivent servir les missions africaines et les autres missions catholiques qui les appelleront à leur aide.

Pour cela, veuillez me permettre de prendre les choses d'un peu plus loin et de vous exposer à cet égard mes pensées, qui, je le sais, sont aussi celles de beaucoup de chefs et d'amis de nos missions. Ces considérations ne peuvent d'ailleurs que servir à entretenir et à exciter le zèle de vos associés, en leur montrant combien ce zèle est nécessaire.

L'une des plus grandes difficultés de l'apostolat dans le monde entier, à l'heure présente, est le manque de ressources matérielles suffisantes. Les dévouements personnels se multiplient; le nombre des religieux, des prêtres, des Frères, des Sœurs qui aspirent à la gloire d'aller prêcher Jésus-Christ et mourir pour lui, s'il le faut, au milieu des infidèles, n'a jamais été si considérable. Mais à chaque instant la création des œuvres les plus nécessaires pour le développement des missions se trouve arrêtée par la raison que l'on ne peut les soutenir matériellement.

Qui le sait mieux que vous, Messieurs? Combien de séminaires, d'orphelinats, d'asiles, de catéchuménats, d'églises, de diocèses même, seraient fondés, si vous pouviez dans vos aumônes trouver les fonds nécessaires pour les établir! Mais non; il y faut renoncer tristement et se résigner à laisser périr à côté de soi des âmes que l'on pourrait sauver, des peuples que l'on pourrait régénérer, parce qu'il est impossible de suffire à tout et qu'il faut se borner. Aussi n'est-ce que par des miracles de dévouement que les missionnaires obtiennent les succès souvent merveilleux qui couronnent leur zèle.

On ne réfléchit pas assez en Europe que tout, absolument tout, doit venir de nos vieux pays chrétiens à la plupart des missionnaires des pays infidèles. Il est impossible de rien demander, pour le soutien des œuvres de charité les plus nécessaires, à des néophytes dont la foi est encore mal affermie. Le désintéressement le plus absolu non-seulement dans le fond, mais dans les moindres apparences, est la condition indispensable de l'apostolat catholique, et c'est à ce signe de la charité, qui donne tout, même son sang, et ne demande rien, que l'on reconnaît aujourd'hui, comme aux premiers temps, les vrais envoyés de Dieu.

Je constate, pour ma part, ce sentiment d'une manière très-vive parmi nos indigènes.

Lorsque je parle à nos petits orphelins arabes de leurs *marabouts* (c'est ainsi, vous le savez, qu'ils nomment chez eux les ministres de la prière), ils reviennent toujours sur ce point et invariablement dans les mêmes termes :

« Les marabouts de vos tribus sont-ils comme les marabouts français ?

— Oh non ! répondent-ils.

— Et quelle est donc la différence ?

— C'est que les marabouts arabes, même au pauvre mendiant qui n'a qu'un seul sou, ils lui prennent son sou, et vous, vous ne nous prenez rien et vous nous donnez tout : le pain, les habits... »

Cette règle du missionnaire de ne rien demander à ses néophytes date, du reste, des temps apostoliques. Saint Paul se vantait de la suivre, et il la jetait en quelque sorte comme un défi à ses calomniateurs, car les apôtres en trouvaient déjà sur leur route.

« Mes mains, disait-il [1], ont fourni à tout ce qui
» m'était nécessaire et à ceux qui étaient avec moi.
» Nous avons travaillé péniblement comme des ma-
» nœuvres. Nous n'avons mangé, sans le gagner, le
» pain de personne, mais nous nous sommes soumis
» nuit et jour au travail et à la fatigue pour n'être à
» charge à aucun de vous. »

C'est vous, Messieurs, c'est votre œuvre excellente, ce sont vos pieux associés qui permettent aujourd'hui à tous les missionnaires de tenir aux peuples qu'ils évangélisent le même langage. C'est de vous qu'ils reçoivent le pain de chaque jour que les apôtres ga-

[1] S. Paul. *Cor.*

gnaient à la sueur de leur front, et les aumônes qui leur servent à recueillir les petits enfants, à secourir les pauvres, à répandre partout leurs bienfaits.

Mais ici, et précisément parce que tout repose sur vous et sur la charité des catholiques d'Europe, se présentent des réflexions inquiétantes qui ont plus d'une fois, je le sais, attristé vos esprits, comme elles préoccupent ceux des missionnaires.

Si toutes les missions du monde dépendent aujourd'hui des aumônes que reçoit votre œuvre, si elles ne vivent que par elles, il suffira donc que ces aumônes viennent à se tarir par suite de quelque événement soudain, pour que toutes les missions soient ruinées d'un seul coup ! Il suffira qu'un bouleversement public, une de ces révolutions comme nos pères en ont vu, se prolonge durant quelques années, pour que l'Évangile cesse, presque partout à la fois, d'être annoncé aux infidèles ! Que feront alors les missions ? Où trouveront-elles leurs ressources ? N'est-il pas urgent et raisonnable de se préoccuper d'une telle éventualité ? Ne peut-on pas trouver, sinon un remède, du moins un palliatif à ce mal qui nous menace? Ne peut-on pas vous décharger vous-mêmes d'une portion du fardeau qui pèse sur vous ?

Je pense, s'il m'est permis, à moi le dernier venu dans les rangs des évêques missionnaires, de dire ici mon faible avis, qu'il est possible dans une certaine mesure, et pour toutes les missions où l'Église jouit de la paix et de la liberté, de préparer et d'adoucir la situation qui leur serait faite le jour où vos aumônes viendraient à leur manquer, et je sais que dans plusieurs missions importantes cela se fait déjà avec grand succès.

Je m'explique.

Dans les contrées où le christianisme est depuis long-temps établi et la foi vivante et active dans un grand nombre de cœurs, les fondations territoriales ne sont pas absolument nécessaires au soutien des œuvres chrétiennes. La charité des vrais fidèles suffit, ce sont leurs aumônes qui soutiennent tout.

Que l'on y réfléchisse un instant. C'est ainsi que vivent en France nos petits séminaires, nos grands séminaires pour une large part, nos asiles, nos écoles religieuses libres, tout notre clergé régulier, à l'exception des trappistes, une portion de notre clergé séculier.

Ce résultat, dont on n'apprécie pas assez la haute signification chrétienne lorsqu'on l'a constamment sous les yeux, est du reste admirable, et maintenant que je puis faire la comparaison, je ne pense jamais sans attendrissement à tous les actes, je pourrais dire à toutes les merveilles de générosité que j'ai vu accomplir par les chrétiens de la bonne et pieuse Lorraine lorsque j'étais évêque de Nancy.

Mais si les pays des missions, ainsi que je l'ai déjà dit et qu'il est facile de s'en rendre compte, manquent absolument de ces ressources, en retour ils possèdent (je parle des missions hors d'Europe, les seules vraies missions étrangères) un trésor, le premier de tous, puisque c'est de lui que viennent tous les autres : *la terre.*

Presque partout, en effet, dans les missions d'Afrique, d'Amérique, d'Océanie, dans la Turquie d'Asie, on trouve d'immenses espaces sans culture, où l'on peut facilement créer des établissements agricoles. Pour y trouver les ressources nécessaires à la fondation des séminaires, des écoles, des asiles, il suffit d'avoir près de soi des hommes qui, par principe de foi et de dévouement chrétien, se consacrent à cette œuvre et fassent sortir du sol, par le travail, ce pain du corps qui doit aussi nourrir les âmes.

Mais cette pensée est-elle réalisable? Peut-on espérer trouver, dans nos pays catholiques, des dévouements assez éprouvés pour embrasser une semblable vie?

La création des deux communautés agricoles dont je vous parle tend à répondre précisément à cette question.

Travailler sans jamais demander ni rémunération ni salaire, vivre du seul produit de leur travail, entretenir du surplus toutes les œuvres charitables des missions africaines et des autres missions où ils pourront être appelés, concourir ainsi exclusivement par l'exemple de leur charité, par celui de leur travail, par la direction des orphelinats, des asiles agricoles, aux succès de l'apostolat, c'est ce que se proposent les *Frères* et les *Sœurs du vénérable Geronimo.*

Ce mélange des travaux manuels, des travaux des champs et des travaux apostoliques, est du reste, Messieurs, permettez-moi de vous le dire, et vous en pouvez être fiers, la première forme qu'ait eue dans l'Église l'Œuvre de la Propagation de la foi dont vous êtes les directeurs et les représentants; et en paraissant exposer une pensée nouvelle, je ne fais que rappeler ce qui a existé durant des siècles et qui a fait le monde chrétien.

Je vous citais tout à l'heure l'exemple et la parole des apôtres, je n'y reviendrai pas.

Mais ce que je vous ferai remarquer, c'est que lorsque les barbares eurent envahi l'Europe, lorsqu'il fallut annoncer l'Évangile à ces farouches conquérants qui l'avaient couverte de ruines, ce furent des religieux agriculteurs qui tentèrent cette laborieuse entreprise et surent la réaliser.

Comme on l'a dit de notre France et comme j'aime à le répéter, ils formèrent nos pays chrétiens comme les abeilles forment une ruche, joignant au travail infatigable le miel de leur charité et de leur parole.

Étudiez l'histoire : à l'origine de toutes les villes qui devinrent dans les pays barbares, durant les premiers siècles du moyen âge, des centres de civilisation pour les peuples qui les entouraient, vous trouverez une abbaye où les moines pratiquaient également trois choses, inséparables dans leur vie : le travail des mains, la charité et l'apostolat. « Vous ne serez véritablement » moines, leur avait dit leur saint fondateur, que lors- » que vous vivrez du travail de vos mains, à l'exemple » de Jésus-Christ et des apôtres. »

Telle est, en effet, l'histoire de toutes ces abbayes innombrables de l'ordre de Saint-Benoît, dans une grande partie de la France, de l'Espagne, de l'Italie, dans l'Allemagne tout entière, dans l'Angleterre, et jusque sous les glaces de la Scandinavie. Les habitants de ces monastères, gagnant à la sueur de leur front tout ce que les missionnaires modernes reçoivent aujourd'hui de la charité des chrétiens, conquirent doublement ces régions désolées, défrichant à la fois, si j'ose me servir de cette expression, le sol et les âmes, ouvrant l'un à la chaleur féconde du soleil et les autres au souffle vivifiant de la grâce.

Malgré l'orgueil que nous inspirent nos conquêtes modernes, l'Église se trouve encore, dans une grande partie du monde, en présence de contrées couvertes d'autant de ruines et vouées à une aussi sombre barbarie que l'Europe du sixième et du septième siècles.

Pourquoi n'emploierait-elle pas pour les conquérir à
la lumière de sa civilisation les moyens qui leur ont autrefois si admirablement réussi ? Est-ce que le bras de
Dieu s'est raccourci et son cœur rétréci pour nous ?
Est-ce que la générosité et l'abnégation ne sont pas
toujours vivantes dans les âmes qu'anime la foi ? Est-ce
que la pensée de conquérir humblement par le travail
caché, par la charité, par l'exemple, tant d'hommes
encore séparés de la grande famille chrétienne, n'aura
pas la puissance de séduire encore les cœurs les meilleurs et les plus forts ?

Tout ce que je puis dire ici, c'est que depuis que
l'œuvre dont je parle doit s'établir dans mon diocèse,
je reçois de toutes parts des demandes d'admission qui
respirent le dévouement le plus pur, et l'un des derniers courriers m'apportait l'instante prière d'une jeune
fille qui porte un nom illustre, qui jouit de toutes les
douceurs d'une vie opulente, et qui veut tout quitter,
me dit-elle, pour venir ici *travailler de ses mains pour
les petits et les pauvres.*

Et maintenant, si quelqu'un des pieux lecteurs de
vos Annales, désireux de suivre un si grand exemple
et de consacrer aux missions non plus son aumône
seulement, mais tout lui-même, désirait connaître le
caractère et les œuvres de ces deux sociétés qui vont
se fonder près d'Alger, je lui dirais que, en ce qui regarde leur caractère, elles ont pris à tâche de fuir tout
ce qui est extraordinaire. Leurs abstinences et leurs
jeûnes sont ceux de tous les chrétiens; leur esprit,
l'esprit de foi et de prière; leur grande mortification,
le travail; leur grande vertu, l'exercice de la charité,
pour Dieu, envers les petits et envers les pauvres.

Quant à leurs œuvres principales, je préfère vous

citer, dans toute la simplicité de leur rédaction, quelques points de la règle des Frères :

« DES TRAVAUX AGRICOLES. — En tête des ministères de
» l'Institut (disent les règles des religieux sur lesquelles
» celles des Sœurs sont calquées), nous plaçons les tra-
» vaux agricoles, parce que ces travaux forment le
» fond des occupations des Frères.

» Dans le règlement des cultures et la fixation de
» leur quantité, le Frère directeur des travaux agri-
» coles aura surtout égard à cette règle économique,
» fondamentale dans l'Institut, que les Frères doivent
» arriver à produire directement par eux-mêmes tout
» ce qui leur est nécessaire, soit pour leur nourri-
» ture et leur entretien, soit pour leurs œuvres, et il
» divisera les travaux et les terres de telle façon que
» la communauté puisse être assurée d'y trouver tout
» ce qu'il lui faudra en céréales, vignes, légumes, pâ-
» turages et parcours pour les bestiaux, laitage et
» beurre, élevage d'autres animaux domestiques, et
» même pisciculture, si l'on est favorisé sous le rapport
» des eaux.

» Il calculera, pour cela, le nombre de personnes
» qui sont à nourrir dans la maison, soit constamment,
» soit transitoirement : religieux, orphelins, vieillards,
» hôtes, malades ; la quantité de chaque chose qui leur
» est nécessaire, et réglera ses cultures de manière à
» ce qu'elles produisent une quantité supérieure d'un
» tiers au moins, dans les années communes, aux be-
» soins de la communauté. Le surplus servira à com-
» penser les déficits des mauvaises années, soit qu'on
» le vende, soit qu'on le conserve en nature.

» DES ATELIERS. — L'esprit de pauvreté dont les
» Frères ont fait vœu et les règles spéciales, ainsi que

» le but essentiel de l'Institut, voulant que les religieux
» du V. Geronimo se procurent par leur propre travail
» tout ce qui est nécessaire, soit à eux, soit à l'entre-
» tien de leurs œuvres, il y aura, dans chaque maison,
» des Frères qui seront appliqués, soit constamment,
» soit transitoirement, suivant les besoins, aux tra-
» vaux manuels, dans des ateliers dont les principaux
» seront ceux-ci :

» Forgerons,
» Charpentiers,
» Menuisiers,
» Maçons et tailleurs de pierres,
» Briquetiers et faïenciers,
» Cordonniers,
» Tisserands,
» Meuniers,
» Boulangers.

» Il y aura aussi une boucherie là où ce sera utile.

» Dans ces ateliers, on fera tout ce qui sera néces-
» saire pour le monastère, où l'on ne devra jamais em-
» ployer ni ouvriers ni manœuvres du dehors pour
» avancer un travail, les Frères s'estimant heureux de
» souffrir du retard qui sera occasionné par cette règle
» dans l'achèvement de quelques ouvrages.

» Pour le choix des états qui s'exerceront dans les
» ateliers, il sera laissé aux Frères, qui le feront con-
» naître au Frère supérieur; mais chacun d'eux devra
» en apprendre un, durant le noviciat, indépendam-
» ment du travail des champs, qui sera commun à
» tous. Il y emploiera les heures marquées pour le tra-
» vail intérieur, et aussi les jours où, à cause de la
» pluie ou de la trop grande chaleur, on ne pourra

» travailler au dehors. En outre, à l'époque de quel-
» ques travaux extraordinaires, comme constructions
» ou réparations, les Frères pourront tous y être em-
» ployés durant le temps que le supérieur jugera né-
» cessaire; mais il faut choisir pour cela les périodes
» de l'année où l'on u'a pas de culture à faire.

» ŒUVRES DE MISÉRICORDE ET DE ZÈLE QUI S'EXERCENT
» DANS L'INSTITUT. — Lorsqu'une maison sera arrivée
» au point de nourrir et entretenir les Frères qui l'ha-
» bitent, elle devra entreprendre, selon la mesure de
» ses ressources, quelqu'une ou quelques-unes des
» œuvres de l'Institut, dont les principales sont les sui-
» vantes :

» LES ORPHELINATS. — Les orphelinats recevront
» également les enfants chrétiens et les enfants infi-
» dèles, en ayant soin de prendre les précautions né-
» cessaires pour éviter les dangers que pourrait avoir
» ce contact journalier, et de faire dans le régime les
» différences qu'exige l'éducation première.

» Les Frères recevront les orphelins en proportion
» de ce qu'ils pourront en élever et nourrir, sans rien
» demander pour leur entretien, et aussi sans refuser
» les secours qui leur seraient offerts pour le soutien de
» cette grande œuvre.

» Ils élèveront ces enfants dans l'amour de la vertu
» et dans celui du travail, ayant soin de leur faire
» donner les instructions chrétiennes qui leur sont
» nécessaires.

» Ils leur apprendront, outre leurs prières et le ca-
» téchisme, à lire, à écrire et à calculer. Ils leur ensei-
» gneront en outre un état manuel.

» Pour cela, les enfants seront placés sous la direc-
» tion de quelques Frères plus habiles et plus propres à

» enseigner, qui les instruiront de ce qu'ils doivent sa-
» voir, soit dans les champs, soit dans les ateliers.

» D'autres Frères, surtout ceux qui seraient honorés
» du sacerdoce, seront désignés pour le catéchisme,
» pour la lecture et pour l'écriture.

» Les Fermes-Écoles. — Indépendamment des or-
» phelinats où seront élevés les enfants orphelins ou
» abandonnés, les Frères pourront joindre à leurs mai-
» sons, pour l'utilité des familles, des fermes-écoles où
» seront élevés des enfants soit infidèles, soit chrétiens,
» principalement lorsqu'il n'y aura pas d'autres écoles
» à portée du monastère.

» Ces enfants seront reçus gratuitement comme les
» premiers, soit qu'ils demeurent tout à fait au monas-
» tère, soit qu'ils viennent simplement suivre les
» classes, les ateliers et les travaux des champs. On ne
» refusera pas néanmoins ce qui sera spontanément
» offert par les familles.

» La règle de ces maisons sera la même que celle
» des orphelinats. On y suivra exactement les mêmes
» principes d'administration et de direction.

» Les Asiles pour les vieillards. — Dans les mai-
» sons où il n'y aura pas d'orphelins, on pourra, dans
» un corps de logis séparé, ouvrir un asile pour les
» vieillards pauvres, soit infidèles, soit chrétiens.

» Ils y seront reçus, soignés et gardés jusqu'à la
» mort, à moins qu'ils ne veuillent partir, auquel cas
» on les laissera libres, et on ne les reprendra point
» s'ils se représentent.

» Deux Frères seront spécialement chargés de veil-
» ler sur eux et de leur procurer ce qui leur sera né-
» cessaire.

» Les vieillards ainsi recueillis seront nourris et

» vêtus du produit du travail des Frères ; on exigera
» qu'ils vivent honnêtement et sans désordre, et on les
» traitera, pour la nourriture, autant que possible
» comme les Frères, ayant soin de leur donner des
» instructions morales et religieuses qui leur servent à
» vivre saintement.

» LES DISPENSAIRES. — A chaque maison pourront
» être attachés des dispensaires, c'est-à-dire que dans
» un corps de logis séparé et en dehors du monastère
» on aura quelques pièces dans l'une desquelles on
» tiendra des médicaments et ce qu'il faut pour soi-
» gner les plaies ou les blessures ; dans les autres, il y
» aura des bancs et des siéges pour recevoir les ma-
» lades et distribuer les remèdes.

» Trois fois par semaine, à des heures et à des jours
» fixés et indiqués d'avance, on y recevra les malades
» qui se présenteront pour y faire soigner leurs plaies
» ou pour demander quelques remèdes.

» On les traitera avec charité et on leur donnera
» tout ce que l'on pourra pour les soulager, particu-
» lièrement les infidèles, qui sont plus abandonnés et
» sujets à plus de maux, à cause des vices de leur
» sang.

» S'ils ont des plaies à faire soigner, les Frères dési-
» gnés pour cet office de charité s'approcheront d'eux,
» dans la salle des pansements, et s'étant agenouillés
» comme devant le Dieu de bonté dont les pauvres sont
» l'image, ils commenceront par leur baiser les pieds
» en signe de foi et de respect. Ensuite, ils les panse-
» ront de leur mieux, ayant soin de leur adresser
» quelques paroles qui fassent du bien à leur âme.

» Deux Frères, qui prendront le titre de Frère infir-
» mier des pauvres et Frère vicaire de l'infirmerie, se-

» ront spécialement chargés de la direction de cet office.
» On aura soin de leur faire prendre quelque teinture
» des maladies les plus ordinaires dans le pays et de
» la manière de les soigner, et ils ne se permettront
» pas d'indiquer de traitement pour les maladies qu'ils
» ne connaissent pas. Les deux Frères infirmiers pour-
» ront non-seulement soigner les malades au dispen-
» saire, mais encore, dans les lieux où il n'y aura pas
» de médecin, aller, avec la permission du supérieur,
» visiter ensemble les malades pauvres du voisinage, le
» dimanche en particulier.

» Les Frères se persuaderont que c'est là un des mi-
» nistères les plus efficaces et les plus féconds en fruits
» de salut. C'est en guérissant les malades que N. S. Jé-
» sus-Christ a gagné les cœurs des habitants de la
» Judée et les a convaincus de la vérité de sa mission
» divine. Sans doute nous ne ferons pas comme lui des
» miracles de puissance, mais faisons des miracles de
» dévouement et de charité, et à ce signe on recon-
» naîtra que nous sommes ses disciples.

» Tous les Frères ne soigneront pas directement les
» malades, mais tous fourniront, du moins par leur
» travail, le moyen de les soigner et de les guérir, et
» coopéreront ainsi à cette œuvre excellente.

» L'Hospitalité. — Si la maison des Frères est dans
» un pays éloigné et près d'un lieu de passage où il ne
» se rencontre pas de caravansérail et de maison de
» refuge, ils pourront avoir, lorsque leurs ressources
» le leur permettront, une hôtellerie en dehors du mo-
» nastère, installée de manière à recevoir tous les
» étrangers d'une façon convenable, c'est-à-dire qu'il
» y aura une portion séparée avec des lits comme ceux
» des Frères pour les Européens, et une autre partie

» avec des nattes pour les indigènes, les femmes étant
» absolument séparées des hommes.

» On y recevra les voyageurs pour la nuit, et, en
» s'excusant de les traiter pauvrement, on leur mon-
» trera en tout une vraie charité.

» Deux Frères, qui s'appelleront l'un le Frère hôte-
» lier, l'autre le Frère vicaire de l'hôtellerie, seront
» spécialement chargés de diriger cet office.

» On ne demandera rien à aucun étranger en retour
» de l'hospitalité, et on recevra tout le monde, à moins
» que l'on ne voie que les personnes qui se présentent
» font une sorte de métier de revenir, auquel cas on
» les avertirait avec douceur qu'on les reçoit pour la
» dernière fois et qu'elles aient à ne plus se présenter,
» parce qu'on ne pourrait pas les admettre.

» Si quelqu'un des hôtes offrait une aumône, on la
» recevrait avec humilité, mais on se garderait de ne
» jamais rien demander ni suggérer à cet égard, l'hos-
» pitalité devant être un acte de charité accompli par
» les Frères au moyen du produit de leur travail.

» L'Aumône a faire aux pauvres. — Quoique toutes
» les œuvres de miséricorde qui viennent d'être énu-
» mérées soient, à proprement parler, l'exercice conti-
» nuel de l'aumône, cependant, lorsqu'on le pourra, on
» fera encore, dans chaque maison, l'aumône à ceux
» qui se présenteront pour la solliciter. On ne donnera
» cependant jamais d'argent à qui que ce soit, le mo-
» nastère n'ayant aucun revenu en argent. On fera seu-
» lement des dons en nature, comme un morceau de
» pain, ou encore après le repas de midi ce qui a pu
» rester sera distribué aux pauvres.

» On pourra même avoir pour cette distribution,
» dans les maisons lointaines, quelques pauvres atti-

» trés parmi les infidèles du voisinage, que l'on averti-
» rait de le venir chercher, et plus particulièrement les
» vieillards et les mères de famille chargées d'enfants.

» Un Frère qui portera le titre de Frère aumônier
» des pauvres sera chargé de tout ce qui concerne cette
» distribution.

» Le Culte divin. — S'il n'y a point d'église dans le
» voisinage, les chrétiens pourront être admis aux
» offices dans la chapelle du monastère et y recevoir
» les sacrements; mais les religieux auront alors un
» chœur séparé. »

Ainsi, se vouer au travail manuel, consacrer tous
les produits aux œuvres de charité et de foi, soutenir
par là toutes les missions dans tous leurs besoins, telle
est au fond la règle de ces deux communautés nouvelles. L'extrait que j'en ai donné est un peu long peut-
être, mais j'ai cru ne pouvoir mieux vous la faire
apprécier qu'en la laissant, pour ainsi dire, se dévoiler
elle-même à vous.

Et maintenant qu'ajouterai-je ? Rien, sinon que je
désire voir des âmes vraiment généreuses comprendre
l'excellence et le mérite d'un pareil dévouement.

Les ecclésiastiques sont admis, comme les laïques,
dans la communauté des Frères; ils n'y ont pas, en
vertu de leur sacerdoce, de rang plus élevé, et ils consacrent aussi au travail des mains tout le temps que
leurs saintes obligations leur laissent libre. J'ai la confiance que la lecture de ces lignes parlera au cœur de
quelques-uns de ces généreux jeunes prêtres si nombreux dans notre France, leur révélera la grandeur
et l'utilité de cette œuvre, et que j'aurai la consolation
de les voir prendre place à côté de moi dans cette portion du champ que je cultive..

J'ai la confiance que ceux qui ne viendront point accorderont du moins à notre entreprise leur appui et leurs sympathies, et dirigeront vers nous les vocations que Dieu leur ferait connaître.

Les deux noviciats, celui des Frères et celui des Sœurs, seront dirigés provisoirement sous mon autorité, le premier par les PP. de la Compagnie de Jésus, le second par les Sœurs de Saint-Charles.

On ne demande rien absolument, ni dot, ni trousseau, ni instruction même des postulants ou des postulantes. Une vocation vraiment religieuse, une réputation intacte, une forte santé, la volonté de se consacrer au bien des missions par le travail des mains, sont les seules conditions exigées pour l'admission.

Dans tous les cas, on fournit, tant aux postulants qu'aux postulantes, le moyen de venir sûrement et gratuitement jusqu'à Alger.

Voilà tous les renseignements qu'il me paraît utile et possible de donner dans cette lettre ; mais si l'on en désire de plus étendus, je me mets volontiers à la disposition de tous ceux qui voudraient me les demander.

Veuillez agréer, messieurs, l'expression de mes sentiments les plus dévoués et les plus respectueux en Notre-Seigneur.

† CHARLES, *archevêque d'Alger,*
délégué apostolique pour les Missions du Soudan
et du Sahara.

XI

LETTRE A MM. LES CURÉS DE QUELQUES DIOCÈSES DU MIDI DE
LA FRANCE AU SUJET DE LA CRÉATION DE DEUX CONGRÉGA-
TIONS AGRICOLES SPÉCIALES POUR LES MISSIONS.

Monsieur le Curé,

Après avoir tout d'abord, comme je le devais, con-
sulté votre vénérable évêque, et m'être assuré qu'il ne
désapprouvait pas la communication confidentielle que
je vous adresse aujourd'hui, je viens vous entretenir
avec confiance et simplicité d'un projet que je crois
utile à la gloire de Dieu, au bien de l'Église et des
âmes, comme à celui de notre France chrétienne, en
Algérie, et dans les diverses missions catholiques de
l'Afrique et du reste du monde.

Ce projet, je prends la liberté de vous le communiquer, parce que votre direction et votre influence peuvent puissamment aider à sa réalisation.

Chargé, depuis deux années, malgré ma faiblesse,
du gouvernement de l'Église d'Alger et de la mission
encore bien plus considérable et plus difficile de faire
pénétrer les lumières et les vertus de notre foi jusque
dans le centre de l'Afrique, la plus abandonnée et la
plus infortunée des cinq parties de l'univers, j'ai dû
me préoccuper des moyens les plus efficaces de remplir
l'obligation qui m'est imposée, tant comme évêque que
comme délégué du Saint-Siége.

Rétablir solidement la religion catholique dans ces
pays autrefois chrétiens et sortant à peine aujourd'hui

d'une longue barbarie, la faire connaître à ceux qui l'ont toujours ignorée, se servir des lumières et des grâces de l'Évangile pour amener tant de millions de créatures humaines si profondément déchues à notre civilisation, c'est une tâche ardue sans doute, mais c'est une tâche nécessaire, car l'Église en a reçu l'ordre exprès du Sauveur lui-même, lorsqu'il lui a dit : « Comme le Père m'a envoyé, je vous envoie... Allez et enseignez toutes les nations. »

Cette œuvre est déjà commencée, en Algérie, depuis près d'une année, dans les orphelinats où nous avons recueilli les petits enfants des Arabes.

Elle est commencée aussi par la création de deux congrégations spéciales, l'une de Frères, l'autre de Sœurs, uniquement destinées aux travaux des champs, et unissant à ce travail l'exercice du zèle apostolique, tant au milieu des chrétiens qu'au milieu des infidèles, par l'exemple et par la charité.

C'est à ces deux congrégations que seront confiés les nouveaux orphelinats, les nouveaux asiles que nous avons l'intention de créer. C'est elles qui prépareront les nouveaux villages où nous établirons, après les avoir élevés, nos petits orphelins, formant ainsi, à l'ombre de la croix, des villages d'Arabes chrétiens. C'est elles enfin qui, partout où on le désirera, iront offrir aux colons européens, dans les centres nouveaux où l'on voudra les établir, le concours de leur charité, pour leurs enfants, pour leurs malades, ne demandant rien à personne, gagnant leur vie du travail de leurs mains, n'ayant qu'un but et ne cherchant qu'une seule récompense : établir ici solidement le christianisme, et préparer une population laborieuse, vertueuse, franchement chrétienne et française.

Voilà, en quelques mots, monsieur le Curé, le caractère de ces deux créations nouvelles, particulières à l'Afrique et spécialement destinées à sa régénération : le travail apostolique, c'est-à-dire entrepris et continué dans un esprit de charité et de zèle, ne demandant rien et donnant tout, les biens de l'éternité et les secours du temps, remplaçant par sa constance, son abnégation, son esprit de prière, les austérités des anciens ordres.

Mais, monsieur le Curé, vous le devinerez sans peine, ce n'est pas la population coloniale qui peut alimenter deux ordres semblables. Elle est trop peu nombreuse pour espérer que de semblables dévouements s'y multiplient dans les proportions des besoins.

C'est de la France que les vocations doivent nous venir, comme c'est de la France que nous viennent notre clergé et les congrégations religieuses déjà établies parmi nous. Et ce sont les prêtres de France qui comprennent les grandeurs, la nécessité de notre mission apostolique, qui peuvent seuls nous aider à la remplir, en dirigeant vers nous les âmes qu'ils croient capables de nous seconder.

C'est surtout à MM. les curés des campagnes, de celles de nos campagnes en particulier qui ont conservé la foi et les mœurs patriarcales, que je m'adresse ici.

Si dans leurs paroisses il se trouvait des jeunes gens, des jeunes filles animés de l'esprit de Dieu et se sentant appelés à la vie du travail religieux et de l'apostolat, j'oserais les supplier de leur parler de nos œuvres et de nos besoins.

Nous n'exigerons rien d'eux que les dispositions et la vocation religieuses, avec la santé et l'habitude des

travaux manuels. Nous ne voulons ni argent, ni trousseau, ni quoi que ce soit, le principe fondamental de
ces deux ordres agricoles étant de demander à la sueur
de leur front le pain de chaque jour, et de laisser à
la providence divine le soin de faire le reste.

Je joins ici, du reste, un aperçu des règles approu-
vées par moi pour nos deux congrégations naissantes.
Cet aperçu vous suffira pour les juger et aussi pour
juger ceux qui seraient propres à les pratiquer.

Tout est disposé pour faciliter le voyage gratuit en
Algérie et l'hospitalité dans une maison religieuse de
Marseille aux postulants qui se proposeraient de venir
à nous.

Il suffira, monsieur le Curé, d'un mot de vous qui
me serait directement adressé à Alger et me donnerait
des renseignements favorables sur un sujet, pour que
je vous transmette moi-même tous les renseignements
désirables pour sa venue en Algérie.

Veuillez me pardonner, monsieur le Curé, cet appel
que je vous adresse, mais j'ai pensé que vous ne refu-
seriez pas de venir en aide à mon diocèse et à nos
pauvres missions, en leur procurant des ouvriers
utiles.

Que Dieu vous rende au centuple tout ce que vous
ferez pour nous!

Veuillez agréer, monsieur le Curé, l'expression de
mes sentiments les plus dévoués en N. S.

† CHARLES, archevêque d'Alger.

CONGRÉGATION DES FRÈRES AGRICULTEURS ET HOSPITALIERS DU VÉNÉRABLE GERONIMO, ÉTABLIS A BEN-AKNOUN (DIOCÈSE D'ALGER).

Les Frères agriculteurs et hospitaliers placés sous le vocable du vénérable GERONIMO, l'Arabe martyr du seizième siècle, sont fondés dans le diocèse d'Alger, sous l'autorité de Monseigneur l'Archevêque, délégué apostolique, tant pour ce diocèse que pour toute la mission de l'Afrique du Nord, et même pour toutes les missions du monde où ils pourront être appelés.

Ils sont particulièrement consacrés aux œuvres de charité, comme éducation agricole des orphelins et autres jeunes garçons infidèles, soins à donner aux malades indigènes ou aux colons dans des dispensaires annexés à leurs maisons.

Le travail manuel et spécialement les travaux des champs et ceux qui s'y rapportent, comme sont ceux des charrons, forgerons, maçons, tailleurs, boulangers, charpentiers, faits en esprit de foi et de charité, sont pour eux le moyen ordinaire et journalier de pratiquer la pénitence et les autres vertus religieuses. Ils y sont tous appliqués et ils leur demandent exclusivement leurs moyens d'existence. Ils ne peuvent avoir ni traitement ni revenus fixes de la part des communes ni de qui que ce soit, et c'est à la sueur de leur front qu'ils doivent gagner leur pain et celui de leurs protégés et de leurs pauvres.

Grâce à la fécondité du sol, cela est toujours facile en Algérie avec de la constance, de l'ordre et de l'économie.

La règle de leur ordre n'a pas d'autre austérité particulière que le travail.

Les jeûnes et abstinences sont ceux du commun des
fidèles. Le vêtement, de laine blanche, est de qualité
ordinaire; la nourriture, celle des habitants des campagnes qui vivent du travail de leurs mains.

Sauf les heures réservées aux exercices de piété et à
un repos nécessaire, le travail est constant et il se fait
généralement en silence; mais le silence se rompt
durant les récréations et dans tous les cas de nécessité.

Le noviciat, placé sous la direction de deux Pères de
la Compagnie de Jésus qui nous sont prêtés par cette
Congrégation, dure une année entière, sans compter le
postulat, qui est de trois mois au moins.

Après le noviciat, les Frères sont admis à faire des
vœux annuels de religion, durant cinq années. Après
cinq années, ils font des vœux de dix ans, et après ces
dix années seulement des vœux perpétuels.

On ne demande aux Frères ni dot, ni trousseau, ni
aucune autre condition qu'une vocation et des vertus
religieuses solides, une réputation intacte et une forte
santé. MM. les ecclésiastiques peuvent également être
admis dans la congrégation des Frères du V. Geronimo,
s'ils présentent toutes les garanties nécessaires; mais
ils y sont exactement tenus à la règle des Frères qui
ne sont point prêtres, et en particulier à celle du travail manuel durant le temps que leur laisse libre l'accomplissement de leurs obligations sacrées. La congrégation des Frères du V. Geronimo est une congrégation
à supérieur général. Elle peut établir des maisons soit
en Algérie, soit dans les autres missions de l'Afrique et
des autres parties du monde où elle serait appelée par
les ordinaires, mais aucun Frère, néanmoins, ne peut

être envoyé en dehors du territoire de la colonie que sur sa demande formelle.

Vu et approuvé :

† CHARLES, *archevêque d'Alger,*
délégué apostolique pour les missions du Sahara et du Soudan.

CONGRÉGATION DES SŒURS AGRICOLES ET HOSPITALIÈRES DU VÉNÉRABLE GERONIMO ÉTABLIES A KOUBA (DIOCÈSE D'ALGER).

Les Sœurs agricoles et hospitalières placées sous le vocable du vénérable GERONIMO, l'Arabe martyr du seizième siècle, sont fondées dans le diocèse d'Alger sous l'autorité de Monseigneur l'Archevêque, délégué apostolique, tant pour ce diocèse que pour toute la mission de l'Afrique du Nord et même pour toutes les autres missions du monde où elles pourraient être appelées.

Elles sont particulièrement consacrées aux œuvres apostoliques auprès des personnes de leur sexe, comme éducation agricole des orphelines et autres jeunes filles infidèles, soins à donner aux malades indigènes ou aux colons dans les dispensaires annexés à leurs maisons.

Le travail manuel et spécialement les travaux des champs et ceux qui s'y rapportent, faits en esprit de foi et de charité, sont pour elles le moyen ordinaire et journalier de pratiquer la pénitence et les autres vertus religieuses. Elles y sont toutes appliquées et elles leur demandent exclusivement leurs moyens d'existence. Elles ne peuvent avoir ni traitement ni revenus fixes de la part des communes ni de qui que ce soit, et c'est à la sueur de leur front qu'elles doivent gagner leur pain et celui de leurs protégés et de leurs pauvres.

Grâce à la fécondité du sol, cela est toujours facile en Algérie avec de la constance, de l'ordre et de l'économie.

La règle de leur ordre n'a pas d'autre austérité particulière que le travail.

Les jeûnes et abstinences sont ceux du commun des fidèles. Le vêtement, de laine blanche, est de qualité ordinaire; la nourriture, celle des habitants des campagnes qui vivent du travail de leurs mains.

Sauf les heures réservées aux exercices de piété et à un repos nécessaire, le travail est constant et il se fait généralement en silence, mais le silence se rompt durant les récréations et dans tous les cas de nécessité.

Le noviciat, placé sous la direction de deux Sœurs de Saint-Charles de Nancy, qui nous sont prêtées par cette ancienne et vénérable congrégation, dure une année entière, sans compter le postulat, qui est de trois mois au moins.

Après le noviciat, les Sœurs sont admises à faire des vœux annuels de religion durant cinq années. Après cinq années, elles font des vœux de dix ans, et après ces dix années seulement, des vœux perpétuels.

On ne demande aux Sœurs ni dot, ni trousseau, ni aucune autre condition qu'une vocation et des vertus religieuses solides, une réputation intacte et une forte santé.

La congrégation des Sœurs du vénérable Geronimo est une congrégation à supérieure générale. Elle peut établir des maisons soit en Algérie, soit dans les autres missions de l'Afrique du Nord et des autres parties du monde où elle serait appelée par les ordinaires, mais aucune Sœur néanmoins ne peut être envoyée en dehors du territoire de la colonie que sur sa demande formelle.

Vu et approuvé :

† CHARLES, *archevêque d'Alger,*

délégué apostolique pour les Missions du Sahara et du Soudan.

XII

BREF DE NOTRE SAINT-PÈRE LE PAPE PIE IX A L'ARCHEVÊQUE D'ALGER.

A notre vénérable frère Charles, archevêque d'Alger.

PIE IX, PAPE.

VÉNÉRABLE FRÈRE, SALUT ET BÉNÉDICTION APOSTOLIQUE.

Si nous sommes profondément affligé des fléaux multipliés qui frappent votre diocèse, et si nous gémissons du sort de votre peuple, des peines et des fatigues que vous devez supporter, nous éprouvons aussi une grande consolation lorsque nous voyons, au milieu de tant d'adversités, briller d'une manière admirable la lumière et la vertu de la charité chrétienne, lorsque nous voyons tant de bienfaits considérables préparés à la religion et à la société civile elle-même par votre zèle pastoral, votre générosité et votre courage.

Sans doute, d'après le précepte formel du Seigneur, l'Évangile doit être prêché à votre peuple comme à tous les autres ; mais ses mœurs, sa religion, ses luttes fréquentes contre votre nation opposaient à l'apostolat un obstacle presque insurmontable.

Pour renverser cet obstacle, le Dieu des miséricordes a voulu qu'après tous les malheurs qui ont frappé les Arabes, ils fussent secourus par la charité chrétienne des Français, et qu'éprouvant ainsi par eux les bienfaits d'une religion divine, ils apprissent à l'aimer avant même de la connaître.

Vous ne pouviez ni mieux ni plus efficacement répondre à ce dessein providentiel qu'en vous prodiguant partout constamment où la famine, la maladie, la mort réclamaient votre sollicitude et celle de vos auxiliaires; qu'en ouvrant généreusement des asiles aux vieillards infirmes, aux veuves délaissées, aux enfants abandonnés, et en leur procurant à tous le secours d'une charité paternelle.

Nous ne pouvons donc garder le silence, et nous voulons vous décerner pour ces œuvres éclatantes les louanges que vous méritez, vous, les prêtres, les religieux, les Sœurs de votre diocèse, qui, secondant votre zèle, n'ont rien omis pour soulager tous les infortunés, et, martyrs de la charité, n'ont pas hésité à accepter la mort elle-même pour secourir leurs frères.

Il est impossible que ce peuple auquel vous avez si clairement prouvé la loi de la charité que le Christ nous a léguée, il est impossible que ce peuple ne comprenne pas désormais « que vous êtes vraiment ses disciples »; et ainsi, « pendant que vous avez rendu gloire à votre Père qui est dans les cieux », vous avez prêché son Évangile à cette nation infidèle avec plus d'éloquence certainement et avec plus de puissance que vous n'auriez pu le faire par vos paroles.

Quant aux enfants que vous avez arrachés des bras de la mort, que vous nourrissez, que vous vêtissez, que vous formez à la pureté des mœurs, à la justice, au travail des champs, comment n'aimeraient-ils pas désormais la nation et la loi auxquelles ils devront tout et leur existence elle-même ? Comment, devenus par le travail les soutiens de leurs familles et retournés au milieu d'elles, pourront-ils ne pas incliner, par leur présence, leurs œuvres, leurs paroles, l'esprit des leurs vers la religion, vers le peuple dont ils ont reçu tant de bienfaits ?

Ce n'est donc pas seulement de la religion, mais encore de la France que vous et les vôtres avez bien mérité, lorsque, par les œuvres touchantes de la charité chrétienne, vous avez certainement plus fait pour lui attirer les cœurs qu'on n'eût pu le faire par des torrents de sang, des dépenses énormes et des travaux d'un grand nombre d'années. Il faut ajouter à cela qu'en éclairant les âmes encore tendres des petits orphelins des lumières de la vérité religieuse et de la justice, et en allumant dans leur cœur la flamme d'un feu céleste, non-seulement vous les préparerez à devenir eux-mêmes de bons citoyens, mais encore vous préparerez en eux d'excellents éléments qui, se trouvant rapprochés plus tard des adultes eux - mêmes, amèneront peu à peu des hommes, jusqu'à ce jour rebelles, à des mœurs plus douces et à un genre de vie plus conforme au vôtre.

Nous ne doutons donc pas que vous ne soyez approuvé de tous ceux qui désirent les progrès de la religion, la gloire et l'utilité véritables de votre patrie. Quant à nous, nous vous félicitons de tout notre cœur, et cela d'autant plus, que vous avez eu à vaincre des difficultés plus considérables et que vous les avez surmontées avec plus de courage. Nous croyons aussi devoir combler de louanges particulières tous ceux qui, par leurs aumônes généreuses, vous ont aidé dans votre œuvre admirable et vous aiderez encore dans la suite.

Persévérez donc avec confiance dans votre entreprise, et que les obstacles ne fassent qu'augmenter votre courage, car c'est au milieu des obstacles que les œuvres de Dieu ont coutume de marcher et de se fortifier.

Avec l'appui de Dieu, ni la grâce, ni la force, ni les moyens matériels nécessaires pour achever votre œuvre ne manqueront ni à vous ni aux vôtres.

Nous vous souhaitons ces choses de tout cœur, et, comme gage de la faveur divine et de notre bienveillance particulière, nous donnons avec tendresse notre bénédiction apostolique à vous, vénérable Frère, à tous ceux qui soutiennent votre très-excellente œuvre et à tout votre diocèse.

Donné à Rome, près Saint-Pierre, etc.

PIE IX, Pape.

TABLE DES MATIÈRES.

PARIS. TYPOGRAPHIE DE HENRI PLON, IMPRIMEUR DE L'EMPEREUR, RUE GARANCIÈRE, 8.